项目支持：

国家自然科学基金项目（42371195，42171182）

河南省高校科技创新人才支持计划（24HASTIT020）

河南省高等教育教学改革研究与实践项目（2023SJGLX319Y）

河南省高等学校重点科研项目（24A790005、24A170006）

河南省住房城乡建设科技计划软科学项目（R-2307）

中国城乡基本公共服务

BASIC PUBLIC SERVICES IN URBAN AND RURAL AREAS OF CHINA

发展脉络、水平差异与收入效应

DEVELOPMENT CONTEXT, LEVEL DIFFERENCES, AND INCOME EFFECTS

时慧娜◎著

中国经济出版社
CHINA ECONOMIC PUBLISHING HOUSE
北 京

图书在版编目（CIP）数据

中国城乡基本公共服务：发展脉络、水平差异与收入效应 / 时慧娜著. -- 北京：中国经济出版社，2025.3. -- ISBN 978-7-5136-8094-3

Ⅰ. D669.3

中国国家版本馆 CIP 数据核字第 2025AG8941 号

责任编辑　叶亲忠
责任印制　李　伟
封面设计　华子图文

出版发行　中国经济出版社
印 刷 者　宝蕾元仁浩（天津）印刷有限公司
经 销 者　各地新华书店
开　　本　710mm×1000mm　1/16
印　　张　13.25
字　　数　180 千字
版　　次　2025 年 3 月第 1 版
印　　次　2025 年 3 月第 1 次
定　　价　88.00 元
广告经营许可证　京西工商广字第 8179 号

中国经济出版社 **网址** http://epc.sinopec.com/epc/ **社址** 北京市东城区安定门外大街 58 号 **邮编** 100011
本版图书如存在印装质量问题，请与本社销售中心联系调换（联系电话：010-57512564）

PREFACE

前言

改革开放以来，中国经济实现了持续快速增长，与此同时也产生了发展不平衡不充分的问题。其中，城乡发展不平衡、农村发展不充分尤为突出，是我国社会主要矛盾的集中体现。城乡发展不平衡不仅表现在经济发展水平和收入上，更反映在政府提供的基本教育、公共医疗、社会保障等基本公共服务上，并且已经成为制约城乡融合发展的主要障碍，阻碍了城乡融合发展的进程。持续推进城乡基本公共服务均等化，丰富多层次、多样化生活服务供给，构建优质均衡的公共服务体系，是缩小城乡之间公共服务水平差距，使改革发展成果惠及全体人民的重要基础，是贯彻落实以人民为中心的发展思想，推动共同富裕的重要举措，对于不断增强人民群众的获得感、幸福感、安全感，具有重要的现实意义。

目前，我国正从生存型社会向发展型社会过渡，新时期我国社会主要矛盾已经转化为人民日益增长的美好生活需要和不平衡不充分的发展之间的矛盾。这一矛盾体现了中国特色社会主义进入新时代背景下，我国社会发展的新特征和新要求。具体来说，人民对美好生活的追求包括但不限于物质文化生活的提高，还涵盖了对平等参与、社会保障体系、生态环境等多方面的需求，而发展不平衡不充分则主要体现在城乡区域发展、居民生活水平、基本公共服务提供等方面。广大人民群众的公共需求全面、快速增长，而公共产品短缺、基本公共服务不到位的问题成为日益突出的阶段性矛盾。城乡基本公共服务均等化保障了机会均等，有利于实现对社会弱势群体的有效保护和照顾。机会均等意味着全体社会成员在接受政府提供的基本公共服务上具有大致均等的机会，不因背景、经济条件或其他社会因素而产生差异。因此，推进基本公共服务均等化成为解决这一矛盾、促进社会和谐发展的必然选择。

推进基本公共服务均等化任重道远。党的二十大报告提出，要“健全基本公共服务体系，提高公共服务水平，增强均衡性和可及性”，强调“统筹乡村基础设施和公共服务布局，建设宜居宜业和美乡村”，但“全面建设社会主义现代化国家，最艰巨最繁重的任务仍然在农村”。城乡基本公共服务差距是实现共同富裕的一大障碍，是阻碍社会现代化发展的因素之一。城乡基本公共服务差距的深层次原因是长久以来的城乡二元体制，建立城乡统一的社会体制、财政体制、社会保障等体制机制，破除户籍壁垒下公共资源分配不均问题，补齐农村发展基础短板，阻力大、任务重。那么，城乡二元体制下，城市和农村基本公共服务供给的制度安排是如何演变的，公共服务供给的政策措施和具体做法是什么，由此导致的城乡公共服务供给的差异主要表现在哪些方面，这些都需要进行深入挖掘，厘清基本公共服务供给制度历程，以便循序渐进地破除基本公共服务供给的城乡二元体制障碍。

保障农村基本公共服务的有效供给，缩小城乡公共资源分配差距，还需要弄清楚当前城乡基本公共服务差距的具体表现。同城市相比，农村的“短板”到底在哪里？这就要求找出目前公共服务领域中的症结所在，对症下药，精准发力，促进城乡公共服务均等化，为城乡融合发展奠定基础。虽然近年来国家对乡村基本公共服务在财政、政策上有很大倾斜，但鉴于历史原因，城乡差距依然较大。因此，需要客观评价当前基本公共服务的城乡差距状况，弄清楚基本公共服务城乡差异的主要方面，为进一步补齐农村短板，缩小城乡差距，促进城乡基本公共服务均等化发展提供数据分析基础，以便为进一步促进城乡融合发展，实现共同富裕提供政策参考。

本书主要内容安排如下：

一是对城乡基本公共服务进行理论解析。对基本公共服务的内涵和外延进行深入分析。从福利经济学、社会公平正义、人居环境等层面梳理并剖析推进基本公共服务均等化的理论支撑，并对不同理念下公共服务实现均等化的内在逻辑进行讨论总结。

二是深入分析我国城乡基本公共服务的实践逻辑与发展脉络。关注我国长期以来存在的城乡基本公共服务发展不均衡现象。城乡关系演变与城乡基本公共服务供给有内在一致性的逻辑关系。从城乡关系演变视角，探讨城乡基本公共服务供给的实践历程。分阶段梳理讨论城乡基本公共服务发展脉络，从义务教育、基本医疗卫生、基本社会保障、基础设施四个方面，探讨公共服务供给与需求在不同发展阶段面临的现实困境与应对策略。

三是细致评价我国城乡基本公共服务发展水平。总结我国城乡基本公共服务发展的总体概况，构建指标体系，采用 CRITIC 权重法，基于评价指标的对比强度和指标之间的冲突性，对城乡基本公共服务发展水平进行综合衡量，对义务教育、基本医疗卫生、基本社会保障、基础设施四个方面的城乡服务水平进行分类探讨，找出各类公共服务发展过程中的短板所在，并进行分区域比较分析，对不同区域的“补短板”做到精准识别，有的放矢。

四是研究我国城乡基本公共服务均等化现状及其演变过程。探讨基本公共服务城乡均等化标准，采用熵权 TOPSIS 模型，通过与最优单元（城乡差距最小）、最劣单元（城乡差距最大）进行比较，以此来判断各省级单元在城乡公共服务差异上所处的位置，进而找出需要“补短板”“强弱项”的公共服务类别。

五是城乡基本公共服务差异影响城乡收入差距的量化分析。了解我国城乡居民收入差距，解释城乡基本公共服务差异影响城乡收入差距的路径和机理。构建面板数据模型，量化分析城乡基本公共服务总体差异及义务教育、基本医疗卫生、基本社会保障、基础设施等各项公共服务差异对城乡收入差距的作用强度。

六是分析与展望新发展阶段城乡基本公共服务发展导向与实现路径。从发展基础、发展主题、人的全面发展等方面总结新发展阶段的时代特征。契合新发展阶段的时代特征，从增强公共服务的均衡性和可及性两方面着手，深入分析当前及今后一段时期基本公共服务的发展导向。从高质量发展入手，探讨并梳理城乡基本公共服务均衡性和可及性的实现路径。

CONTENTS

目录

1

城乡基本公共服务的理论解析

1.1 基本公共服务概念阐述

1.1.1 基本公共服务

公共服务是指现代国家基于政府基本职责，向全体公民提供的保障公民基本生存权和发展权，提升社会福利水平和促进人的全面发展的产品和行动[1]。公共服务在经济学意义上等同于通常所说的公共产品，既包括有形的公共产品，也包括无形的公共产品；既包括物质产品与服务，也包括制度供给与政策安排[2]。公共服务以满足社会公共需求为出发点和落脚点[3]。按照社会公共需求的层次划分，公共服务可划分为基本公共服务和非基本公共服务。基本公共服务可以解读为以政府为主导，在以经济发展为基本的衡量标准下，在一定的国情和财力背景下，面向全体社会成员，在相应的财政体制改革的推动下，借助私人和市场力量，提供在不同阶段具有不同标准的、最终大致均等的基本公共物品和基本公共服务[4]，对应的是社会公众的低层次或基本的公共需求，指能够解决目前我国公民所面临的最迫切问题的公共服务，或能够满足我国公民最基本水平的公共服务。前者所述的问题主要有“住房难”“看病难”“上学难”等，后者所述“基本水平的公共服务”的例证包括让全国每个适龄儿童都能接受义务教育、让全国每个公民都能够享受相同或相近水平的基本社会保障等[5]。基本公共服务供给的范围、数量、质量会随着经济社会发展不断发生变化[2]，尤其是其供给范围由社会成员的基本公共需求与政府的供给能力共同决定，存在一个动态的发展过程，具有阶段性特征[6]。可以理解为，基本公共服务是政府必须“无条件”为所有居民提供的，在一个国家（地区）范围内覆盖全体公民，满足公民对公共资源的最低需求，每一个居民有权利享受的公共服务[7]。

公共服务主要包括医疗卫生、基本教育、社会保障、就业保障、住房保障、公共文化、基础设施（水、电、气、路、公共交通）、环境保护、公平执法、公共安全十个方面。2018 年 12 月，中共中央办公厅、国务院办公厅印发《关于建立健全基本公共服务标准体系的指导意见》，明确了国家基本公共服务质量要求，提出幼有所育、学有所教、劳有所得、病有所医、老有所养、住有所居、弱有所扶以及优军服务保障、文体服务保障九个方面的具体保障范围和质量要求。有研究认为，医疗卫生和社会保障更侧重为居民基本生活提供保障，有利于引导居民消费，提升福利效用水平，因此把这两类公共服务归为消费性公共服务。基本教育可以提高认知水平，有利于人力资本积累，可为经济增长提供内生动力；基础设施侧重为生产要素的最优配置提供基础保障环境，为增加产出创造条件，因此将这两类公共服务归为生产性公共服务[8]。也有研究将教育和医疗类公共服务定义为民生类公共服务，将能源资源基础设施、交通运输和环境保护三类公共服务定义为基础设施类公共服务[9]。

1.1.2 基本公共服务设施

基本公共服务设施作为基本公共服务的载体，是服务资源向服务结果转化的中间环节。大部分法律、财政和其他政策制度所提供的基本公共服务资源和权利并不能直接惠及居民，必须在学校和医院等基本公共服务设施中，通过提供各类设备、聘请教师和医生等专业服务人员，经过设备的运行和服务人员的劳动将政策和资金转化为服务，然后才能形成相应的服务结果[10]。基本公共服务设施必然作为基本公共服务的物质承载空间而存在，包括所必需的地面或（和）地下空间及存在于这些空间内的提供基本公共服务所需的建筑物、构筑物以及其他硬件设施等物质承载基础[11]。对于基本公共服务设施而言，基本性才是其最重要的属性，并以此区别于其他类型的空间。作为基本公共服务的物质载体，基本公共服务设施被其所承载的服务功能赋予了有别于其他空间的特殊属性，这种属性可以称为基本公共服务设施的基本性，它包括功能基本性、层次基础性、公平优先性、财政依赖性、现实可行性[11]。因此，基本公共服务的特点和属性决定了承载相应功能的设施、政策、制度等，其供给主体应是以政府为主导、以市场和社会组织等为补充的多层次体系。当涉及公共服务设施空间布局时，基本公共服务均等化中的“均等化”一词包含了两个层面的含义。第一个层面的含义是公共服务资源在空间配置时应达到地域上平等，基本教育设施、医疗卫生设施提供的公共服务在地域空间上实现平等分配，不因为地理空间区位的差异，导致公共服务资源分配不平等。第二个层面的含义是公共服务资源在空间配置时应达到分配上公正，基本教育设施、医疗卫生设施提供的公共服务在不同类型居民之间实现平等分配，不因为社会阶层差异，导致公共服务资源分配上不平等[12]。

1.1.3 基本公共服务均等化

基本公共服务均等化是指全体公民都能公平可及地获得大致均等的基本公共服务，其核心是促进机会均等，重点是保障人民群众得到基本公共服务的机会，而不是简单的平均化[13]，即公民获得公共服务的机会均等、结果相似以及拥有对公共服务的自由选择权[14]。在一个国家或地区内，公民或者成员在公共服务方面享有平等的权利，政府和社会应当提供均等的公共服务[7]。均等的公共服务强调的是“底线均等”，并不是让所有民众享有完全一样的基本公共服务，而是在承认各个地区、城乡确实存在差别的前提下，确保所有民众享受到一定标准的基本公共服务[13]。均等化包含了机会均等和结果均等两层含义，前者是应当确保民众在接受基本公共服务时机会的平等，如每个人都享有同等的受教育、就业的机会等；后者指政府应致力于实现基本公共服务分配结果均等的最大化，即具有相同特征的同类型人群享受到基本公共服务的数量和质量大体一致[13]。因此，基本公共服务均等化是一个分层次、分阶段的动态过程[6][14,15]，在不同社会经济发展水平下，基本的生存和发展所需条件会发生变化，由此导致了均等化的基准水平在不同社会经济发展水平下的差异[15]。成熟的公共服务均等化状态表现为不同区域、城乡之间、居民个体之间享受的基本公共服务水平一致。张京祥等认为，从起始到成熟，公共服务均等化需要经历三个阶段，分别是："均匀阶段"，是指实现最低水平的基本公共服务设施布局在地域内的全覆盖阶段，是强调"保量"的基本阶段；"均衡阶段"，是由实现"保量"到"保质"的过渡阶段，强调与城市化人口流动进程的有机互动，通过空间布局的调整来实现基本公共服务设施布局的总体合理；"均质阶段"，是实现优质水平的基本公共服务对居民的全覆盖阶段，是均等化的高水平阶段，这不仅需要空间规划的努力，更重要的是通过相关体制创新来推进优质服务资源（如师资、医技人员等）的合理配置与流动[15]。因此，需要在保障社会公平的前提下，实现人人可以享受到基本公共服务，并且要以提高公共服务水平为方向，不断扩充公共服务的内容和领域，不断提高公共服务的质量和效率，让人民群众逐步获得更大范围、更高层次的公共服务[5]。

公共服务差异主要指区域、城乡、居民个体之间享受到的基本公共服务水平的差距，是公共服务非均等化的主要表现形式。其中，缩小城乡公共服务差距，促进城乡公共服务一体化发展是实现公共服务均等化的重要方面。由以上公共服务均等化的含义可知，城乡基本公共服务均等化是指基本公共服务在城乡之间达到均衡，也就是城乡全体公民享有基本公共服务的机会和结果大致相等。赵云旗等将城乡公共服务均等化的内涵概括为四个方面[16]：一是城乡全体公民享受基本公共服务的机会均等；二是城乡全体公民享受基本公共服务的标准均等；三是城乡全体公民享受基本公共服务的结果均等；四是城乡基本公共服务均等化不是平均主义，只是大致相同、总体一致，允许城乡之间略有差别[16]。此外，城乡公共服务均等化包括城乡公共服务质量的均等化和城乡公共服务数量的均等化[7]，是政府等供给主体向城市居民和农村居民分别提供公共服务数量和质量不断实现相等的过程，强调城乡两个主体的公共服务受益是否相同或相等。理性的地方政府在追求经济增长利益目标下会将更多的公共服务投向公共服务边际经济产出更高的城市地区，城乡公共服务均等化主要是政府通过加大对农村地区公共服务供给或投入来实现[17]。均等化的城乡公共服务是最基本的服务，其范围和内容主要有：城乡基本民生性服务，即就业和社会保障；城乡公共事业性服务，即义务教育、公共卫生和基本医疗；城乡公益性基础设施服务，即水电、道路设施；城乡公共安全性服务，即生产、消费和社会安全[16]。

户籍人口与常住人口之间享受到的基本公共服务差异是目前基本公共服务差异的主要表现之一。在我国，由于二元的户籍制度和户籍被赋予的种种特殊功能，使得城市居民和农村人口在劳动收入、生活消费、教育、医疗卫生、社会保障等方面存在着很大的差异，形成两个相对独立的社会单元[18]。在城镇化快速推进过程中，农村人口进城后不能享受与城镇户籍居民同等的基本公共服务[19]。早在 2014 年，中国国际经济交流中心新型城镇化课题组就提出要建立以常住人口为服务口径的政府公共服务供给体系[19]。国务院发展研究中心原副主任韩俊也曾指出，“农民工市民化实质是公共服务均等化”，要推进城市基本公共服务由对本地户籍人口提供向包括农民工在内的所有常住人口提供转变[20]。实质上，基本公共服务覆盖外来常住人口，需要地方政府具有稳定且持续的财政保障，而这仅仅依靠地方显然是很难解决的。与户籍状态“捆绑”的市民待遇如何在自由迁徙、财政困境和基本公共服务不均衡之间获得一个制度化的“最优解”，一直是中国城市化进程中公共治理的一个难题[21]。2020 年 3 月，中共中央、国务院印发《关于构建更加完善的要素市场化配置体制机制的意见》，提出“放开放宽除个别超大城市外的城市落户限制，试行以经常居住地登记户口制度。建立城镇教育、就业创业、医疗卫生等基本公共服务与常住人口挂钩机制，推动公共资源按常住人口规模配置”。2020 年 5 月，中共中央、国务院印发《关于新时代加快完善社会主义市场经济体制的意见》，提出“深化户籍制度改革，放开放宽除个别超大城市外的城市落户限制，探索实行城市群内户口通迁、居住证互认制度。推动公共资源由按城市行政等级配置向按实际服务管理人口规模配置转变”。但目前来看，自由落户所需的稳定的地方财政保障是城市自身无法有效破解的难题。

1.2 基本公共服务均等化发展的理论支撑

1.2.1 福利经济学理论

福利经济学（welfare economics）是研究社会经济福利的一种经济学理论体系，由英国经济学家霍布斯和庇古于20世纪20年代创立，是从福利观点或最大化原则出发对经济体系的运行予以社会评价的经济学。福利经济学理论是基本公共服务均等化问题的经济学理论，为基本公共服务均等化提供了经济学基础。从福利经济学角度出发，对于公共服务的理解可以从公共产品这一概念着手。公共产品具有非竞争性和非排他性，这也是划分公共产品和私人产品的基本标准。非排他性强调该产品消费人群的范围，不排除任何一个人对它的消费。非竞争性强调消费数量和质量，即增加一个消费者并不减少任何一个人对该产品的消费数量和质量。但公共服务不能等同于公共产品，现实生活中很少有服务是由社会所有成员等量消费的，政府提供的大多服务也不在该定义之列，即使最纯粹的公共服务也不具有完全的消费上的非竞争性和受益上的非排他性，如治安、国防等[22]。那么，如何衡量公共服务领域的相关政策能否给人们带来福利，或者是否达到了最优状态呢？福利经济学一般采用两种标准，即帕累托改进和卡尔多—希克斯改进。

帕累托改进是指在某种经济境况下，如果可以通过适当的制度安排或交换至少能提高一部分人的福利或者满足程度，而不会降低其他人的福利或者满足程度，即一种制度的改变中没有输家，并且至少有一部分人的境况有所改善。现实生活中，如果政府针对统筹城乡发展问题，通过提供适当的制度安排，例如，增加农村地区的公共物品供给和加强基础设施建设，既可以改善农村人口的福利状况，又不降低城市人口的福利水平，那么就可以说农村人口的福利状况实现了帕累托改进。但在现实生活中，通常的情况是有人有所得，就会有人有所失。为此，经济学家又提出了“补偿准则”，即如果一个人的境况由于变革而变好，因而他能够补偿另一个人的损失而且还有剩余，那么社会整体的效益就有所改进。或者说，尽管新制度安排损害了现有的一部分人的利益，但是另一部分人因此而获得的收益大于受损人的损失，那么这种制度安排是可以被接受的。这就是卡尔多—希克斯改进。在此标准下，如果政府在公共财力资源有限的情况下实施了增加农村（或一部分群体）的教育、医疗等公共物品供给的制度安排，从而改善了农民（或一部分群体）的福利状况，那么即使因此减少了城市居民（或另一部分群体）所能获得的福利，但只要农民（或该部分群体）所增加的福利收益大于城市居民（或另一部分群体）的福利损失，这种决策就是可取的[23]。

1.2.2 空间正义理论

在当代，罗尔斯关于正义论述的影响最为深远，为公共服务的发展提供了更为强大的价值动力。罗尔斯提出了两个正义原则：第一个正义原则要求平等地分配基本的权利和义务；第二个正义原则则认为社会和经济的不平等（如财富和权力的不平等）只要其结果能给每一个人，尤其是那些最少受惠的社会成员带来补偿利益，它们就是正义的[24]。罗尔斯的这些正义观念成为公共服务所奉行的基本准则：公平地保障公民的基本生存权和发展权，运用公共财政调节的手段，实现最低层次的社会平等，保证公民平等享有[1]。在罗尔斯正义理论的基础上，现代西方学者对公平公正的讨论逐渐形成了具有代表性的三种正义观，即机会公平的正义观、过程公平的正义观、结果公平的正义观。这些正义观深刻地影响了政府职能的发展：机会公平的正义观要求政府帮助每一位公民拥有不受不可控因素影响的公平的、大体上平等的机会，进而要求政府增加教育、医疗投入等；过程公平的正义观要求建立法治政府，要求政府用法治来支配社会的所有领域，以保障公民自由的权利；结果公平的正义观强调政府对社会福利的支出，强调政府通过公共财政和收入再分配政策，调节社会资源和福利分布，以保证某种社会最低标准为最低要求，保证一定程度的结果平等[1]。基于西方正义理论对于结果正义、机会正义和过程正义的分析，认为基本公共服务设施均等化发展是基本公共服务从形式均等到后果均等的中间转化环节，是基本公共服务均等化的过程保证[10]。这些正义观提供了政府职责的基本道德背景，进而塑造了公共服务均等化的价值诉求。

大卫·哈维作为当代马克思主义空间理论的代表人物，第一次将社会正义引入地理空间之中，形成了空间正义理论[25]。他认为“空间正义”作为一种价值理念源于人的感性的实践活动，在这种感性活动中，人将自己作为一种主体力量调动起来与作为一个大的空间场域的外部世界发生联系，这里的外部世界既指自然空间、社会关系空间，也包括作为客体的“自我”，而人类对这三个主要客体的认识和改造过程中都涉及“空间正义”的问题。“空间正义”就是存在于空间生产和空间资源配置领域中的公民空间权益方面的社会公平和公正，它包括对空间资源和空间产品的生产、占有、利用、交换、消费的正义[26]。随着现代性、城市化和全球化的不断拓深，城市、乡村、建筑、自然、社区等空间中的问题日益凸显，各种空间性的社会矛盾层出不穷，如何摆脱诸多空间困境？如何构建一个公正、和谐的空间世界？“空间正义”在探寻这些时代命题中扮演着尤为重要的角色[27]。尤其是快速城市化进程中公共服务问题的凸显，以系统化的空间思想深入剖析城市问题成为日益关切的问题[28]。

基于空间正义理论与实践，有研究将城市空间依照属性的不同归纳为与地理区位相关的空间、与社会人文相关的空间以及权利空间，重点检视市民化进程中农业转移人口城市空间正义缺失的实践情况。其中，与地理区位相关的空间意指城市中社会物品与人之间间隔与综合操作的当地区位位置安排，具体包含城市中与城市居民生活密切相关的自然条件（如城市绿色生态环境、气候等）与社会物品及服务（如自来水、电力、房、医疗、教育、公共服务、社会保障等）的区位配置、与人有关的居住空间的区位配置[29]。这些都涉及公共服务及其设施布局问题。积极促成社会理论空间化转向的另一代表人物卡斯特尔认为，公共服务也可以被看作一种集体消费，“是指由国家集体性提供的服务形式，如大众住房、交通、医疗设施等，因为集体消费是适应于居住在某一空间区域中的人的，因此它就有了一个空间的所指对象”[30]。由此可见，公共服务也是一种空间化的社会存在，具有特定的范围和边界等空间属性[31,32]。基本公共服务设施内容丰富、类型多样，是一系列蕴含基本公共服务功能的物质载体，具有空间属性。设施布局均等化则是指在空间布局和地理位置层面对基本公共服务的资源和设施进行合理配置，使社会公众具有同等机会接近或使用基本公共服务设施，从这个意义上讲，设施布局均等化是基本公共服务体系建设的空间路径[33]。公共服务空间的不均衡性以及公众对公共服务“空间权利”的抗争，使得公共服务的空间正义问题受到越来越多的关注[28]。公共服务的空间权利是指公共服务的对象能够在一定的社会空间或一定的社会关系中选择公共服务供给的主体、地点、形式、种类、数量等的权利。公共服务的“公共性”表明其发展成果必须由广大人民群众所共享，公众利益必须置于首要位置，因此，公共服务的一切空间活动都要围绕空间权利来开展，包括公共服务的空间权力结构及运行形式，公共服务的空间生产方式、地理选址以及空间分配和利益补偿等[28]。

1.2.3 社会质量理论

社会质量理论起源于20世纪90年代的欧洲，当时欧洲国家长期存在重视经济政策而忽视社会政策的现象，因而导致在发展过程中出现了失业、贫富差距扩大、种族歧视和社会隔离等一系列社会问题，基于这一背景，一些欧洲学者于1997年在荷兰阿姆斯特丹欧盟会议上提出了“社会质量”（social quality）概念，并且签署了《阿姆斯特丹社会质量宣言》，标志着欧洲社会质量理论的正式形成[34]。一个好的社会应该对社会的硬环境和软环境给予同等程度的关照，社会质量理论的创新或突破就在于促进了以往单纯谋求经济增长和创造价值的传统理念的转变，把人们引入一个公平的、高质量的社会应该具有哪些品质以及如何建设这样社会的思考[35]。根据欧洲学者的界定，社会质量指的是“公民在那些能够提升他们的福利状况和个人潜能的条件下，参与其共同体的社会与经济生活的程度”[36]，衡量的是社会关系的质量在多大程度上能够促进个体发展和推动社会参与[37]。因此，社会质量研究所要解决的核心问题是衡量社会进步的评价尺度问题[38]，而不是像以往那样将社会进步仅局限于经济增长方面。

沃克（Walker）认为，社会质量的高低主要从社会经济保障、社会凝聚、社会包容和社会赋权四个维度来测量，其中社会经济保障是指使人们免于贫困和其他各种形式的物质剥夺，在欧洲的具体情境下，社会经济保障要求高质量的就业以确保人们的生活水平，以及获取收入、教育、医疗保健、社会服务、环境、公共卫生和个人安全等资源[39]。从社会质量理论概念本土化应用的视角出发，社会经济保障与我国的基本公共服务供给在保障内容上有较高的一致性。国家发展改革委等 21 个部门于 2021 年 3 月 30 日发布《国家基本公共服务标准（2021 年版）》，从幼有所育、学有所教、劳有所得、病有所医、老有所养、住有所居、弱有所扶以及优军服务保障、文体服务保障九个方面明确了国家基本公共服务具体保障范围和质量要求。因此，可以认为，基本公共服务是社会质量理论视域中社会经济保障的一项重要内容，社会质量理论为我们透视并揭示基本公共服务的理论意涵提供了一种新颖的理论工具，基本公共服务体系的融合度和一体化水平、服务供给的普惠性和均等化程度以及社会公众对基本公共服务的感知度，都有可能影响人们对社会质量状况的评价[34]。

那么，从以上四个方面构建社会质量评价指标体系，是社会质量理论应用于实践的核心，而指标体系的构建又和地方经济社会发展环境息息相关。2001—2005 年，社会质量研究基金会（EFSQ）构建了社会质量的 95 项指标，并用这些指标来衡量欧洲 14 个国家的社会质量[40]。有学者在 95 项指标的基础上对亚洲社会质量指标进行了修正，修正后的社会经济保障条目下包括 27 项指标，涉及收入充足度、收入安全、收入不平等、住房保障、住房状况、犯罪和安全、社会和环境风险、医疗保障、卫生服务、就业保障、就业状况、教育保障、教育质量等十余项内容[41]。也有学者在

"欧标"和"亚标"基础上提出了中国社会质量评价指标体系，其中社会经济保障条目下包括收入保障、收入质量、安全与环境、健康供给保障、就业保障、教育保障等内容，只是对每项内容下的具体评价指标进行了更适合中国情境的修正[42]。社会质量指标体系在其理论体系基础上，对具体指标设计可以依据社会客观发展阶段和发展实际情况进行适时调整，从而客观反映社会发展现状，也为基本公共服务的研究提供了理论借鉴和研究参考。

1.2.4 自由发展观

1998年诺贝尔经济学奖获得者阿马蒂亚·森（Amartya Sen）在《以自由看待发展》（*Development As Freedom*）一书中，提出以"自由"为核心的发展观的理论框架，指出发展的最终目的就是完成人的全方位真正自由的发展。而在此之前被人们广泛认同的观点是，发展是指一种社会的富裕状态，国民生产总值等经济指标的提高即意味着社会发展。很显然，阿马蒂亚·森的观点和之前的理念有很大差别。发展是涉及经济、政治、社会、价值观念等众多方面的一个综合过程，它旨在消除贫困、人身束缚、各种形式的歧视和压迫，以及缺乏法制和社会保障的状况，从而提高人们按照自己的意愿来生活的能力。总之，发展就是扩大人们的实质自由，自由在发展中具有"工具性作用"，扩大自由的每一种手段都必须能够促进发展。因此，消除贫困、实现发展，就是不断努力消除各类工具的不便，扩大人们的实质自由的过程。在强调市场机制、全球化对提高人们生活水平作出基础性重大贡献的同时，阿马蒂亚·森指出还需要政府和社会在人的生存、保健、教育等领域承担责任，更需要人作为发展的主体在全面的社会交往和变革中发挥主动作用[43]。根据阿马蒂亚·森的基本观点，发展的最终目的是使人的需求得以满足和人的自由得以实现，即人得到自由而全面的发展，而这种发展的总体状况又与基本公共服务的供给状况紧密相连[44]。

阿马蒂亚·森指出，人们所必需的物品不仅表示生存所必需的物品，还表示由国家文化所决定的，要成为一个有尊严的人，即使是最底层的人也不能缺少的物品[43]。有研究认为，基本公共服务是指在一定阶段内维护本国经济社会稳定、基本的社会正义和凝聚力，保护个人最基本生存权和发展权所必须提供公共服务的最小范围和边界[45]。因此，某些公共服务从一定程度上讲属于必需品，要能够满足人的基本需要，提供人们某些最低限度的自由，是实现人的实质自由的基本物质保证。国家所有民众不论种族、社会地位及收入，均应当共享平等的服务[46]。那么，如何通过公共服务来扩大自由进而实现人的全方位真正自由发展呢？阿马蒂亚·森在《以自由看待发展》一书中探讨了扩大自由的五种方式，分别是政治自由、经济条件、社会机会、透明度保证和保护保障[43]。其中，社会机会是在社会教育、医疗等方面作出的安排。医疗保健对人们的身体健康有直接影响，并有助于保护他们免受可预防的疾病的侵害；教育有助于提高人们的文化水平，消除经济和政治参与的文化障碍，提高人们的政治参与意识和经济参与的能力。因此，教育和医疗保健不仅可以直接提高人们的生活质量，而且可以增强他们获得收入和摆脱贫困的能力，扩大他们真正的自由。透明度保证就是在信息满足人们的公开需求并且信息公开清晰的前提下进行自由交易。没有全面准确的交易信息和公开公正的法律政策，市场机制就无法正常运转，交易双方就无法实现利益最大化。保护保障是指提供社会安全网，以防止受市场风险影响的人遭受严重痛苦，包括固定的制度安排，可以为有需要的人提供基本必需品，改善他们的生活条件，从而扩大他们的实质自由。因此，社会机会和保护保障在一定程度上更侧重公共服务制度、政策及相关物质载体上的要求，政府有义务通过公共决策和制度安排建立基本公共服务，为人们提供相应的必需品。

1.2.5 人居环境理论

1999 年 6 月，国际建筑师协会在北京召开第 20 届世界建筑师大会，会议一致通过吴良镛先生起草的《北京宪章》，该宪章以人居环境科学理论为基础，提出“建设一个美好的、可持续发展的人居环境，是人类共同的理想和目标”[47]。2001 年，吴良镛先生出版专著《人居环境科学导论》，建立了以人居环境建设为核心的空间规划设计方法和实践模式，为实现有序空间和宜居环境的目标提供理论框架。所谓人居环境科学，是一门以包括乡村、集镇、城市等在内的所有人类聚居为研究对象的科学。它着重研究人与环境之间的相互关系，并强调把人类聚居作为一个整体，从政治、社会、文化、技术各个方面，全面地、系统地、综合地加以研究，而不像城市规划学、地理学、社会学那样，只是涉及人类聚居的某一部分或是某个侧面[48]。吴良镛先生以“五大原则”（生态观、经济观、科技观、社会观、文化观），“五大要素”（自然、人、社会、居住、支撑网络），“五大层次”（全球、区域、城市、社区、建筑）为基础，构建了人居环境科学的基本框架[49]。

人居环境科学的提出，是从建筑环境到以人为本的人居环境理念的提升[50]。人居环境是一个广阔的理念，不仅仅是指某个小区，而是以不同尺度的社会活动和经济活动为单位来分层次，在研究人居环境时不是只从房子到房子，就城市论城市，要从研究房子和房子的关系延伸到城市、地区，把区域观念引入建筑与规划中来，把城市扩展到区域范围中。不仅研究物质，还要研究经济、人文，考虑精神生活的需要[51]。吴良镛先生还认为，中国城乡发展的难点是“三农”问题。从人居环境科学的观念看，这既有“三农”之内的问题，也有“三农”之外的问题，而解决“三农”问题的核心就是城乡整体协调发展。城市是区域中心，城与乡相辅相成，互为存在的前提，在任何情况下，不能割裂城乡关系[52]。

2

城乡基本公共服务相关研究进展

2.1 公共服务均等化评价及影响因素

依据基本公共服务的内涵和内容，可以将基本公共服务具体化为相应的指标体系进行衡量。从评价对象来看，主要包括区域层面，包括东中西、省级、城市群和城市间，以及城乡之间公共服务差距的评测。在具体测度时大致有两种，一种是客观评价，另一种是主观感知，前者侧重采用官方统计的指标数据，后者更多的是问卷调查形式，基于被调查者主观上对享受到的公共服务的评价进行测度。在测度基础上分析影响公共服务非均等化的因素多样且复杂。

区域层面的研究表明，基本公共服务均等化程度总体呈上升趋势，而区域内部尤其省份内部均等化程度则存在较大差异，甚至出现不均等程度增加趋势。豆建民等基于基本社会保障、基本医疗服务、义务教育、公益性基础设施、生态环境保护和公共文化服务六个方面，对 1994—2008 年中国基本公共服务水平省域层面数据的分析表明，基本公共服务整体水平存在很大差距且绝对差距不断扩大，加快城镇化、引导人口流向人口承载力强的地区以及促进人口向城市集聚，可以显著降低人均基本公共服务的供给成本，有助于加快区域基本公共服务的均等化[53]。刘华军等从基本教育、公共卫生与基础医疗、公共安全、社会保障与就业、环境保护、科学技术、基础设施七个领域，采用基尼系数方法分项测度了 1997—2011 年中国基本公共服务的空间非均衡程度，结果表明，我国各地区的人均基本公共服务水平整体上呈上升趋势，东部地区的各项基本公共服务水平在三大地区中具有优势，公共卫生与基础医疗、公共安全地区分布非均衡程度总体呈下降趋势，科学技术表现出上升趋势，社会保障与就业呈先下降后上升的趋势，基本教育、环境保护与科学技术总体上呈平稳趋势[54]。郭雨晖等构建医疗卫生、基本教育、公共文化、就业保障、社会保障、基础设施六个方面的公共服务评价指标体系，采用熵权 TOPSIS 法和灰色关联分析法，对 2003—2018 年我国省份间以及省内城市间公共服务均等化程度进行测评，发现整体的基本公共服务均等化程度缓慢下降，各省基本公共服务均等化的差异逐渐增大，公共文化和基础设施两个子领域的差异程度远高于总体水平，成为我国基本公共服务均等化发展的主要壁垒[55]。李智裕等从基本公共教育、基本劳动就业创业、基本社会保险、基本医疗卫生、基本公共文化五个方面，对 19 个城市群 2010—2017 年基本公共服务均等化现状进行测度分析，显示 19 个城市群整体均等化水平稳中有升，但东部、中部、西部地区城市群均等化水平依次降低，并且基本公共服务各构成要素均等化差异明显，城市群基本公共教育和基本劳动就业创业均等化水平较低，基本社会保险和基本医疗卫生均等化水平较高，基本公共文化均等化水平居中[56]。肖建华等选择义务教育、卫生医疗、社会养老保障服务和基础设施服务四个方面，利用 2012—2016 年我国 286 个地市面板数据，通过主成分分析法与基尼系数测算了 25 个省（区、市）的基本公共服务均等化水平，结果发现，中部和东部地区包含的大部分省（区、市）的基本公共服务均等化水平较高，西部地区包含的各省份的基本公共服务均等化水平较低，地方财政投入对促进本辖区基本公共服务均等化有显著的正向溢出效应，而人均财政支出在一定程度上能促进本辖区人均基本公共服务均等化水平[57]。

公共服务区域不均等性受多种因素影响。中国社会性公共服务区域差异与经济发展区域差异有一定的耦合性，社会性公共服务区域差异的变化过程受区域经济差异、人口向经济发达地区迁移和社会性公共服务发展的滞后性等因素的综合影响[58]。自然地理环境同样也会影响基本公共服务的供给状况，自然地理环境优越的地方，经济发展较快，政府才会有足够的资金推动基本公共服务的发展；自然地理环境恶劣的地方，经济比较落后，直接限制了政府提供基本公共服务的能力[59]。基本公共服务的提供，政府的财力是内在基础，同样需要公众的外部推动，公众以适当合理的方式不断提出相关基本公共服务的诉求，能促使政府对这些问题形成更大的关注和更多的考虑，进而完善基本公共服务的提供[59]。也有研究表明，首位城市的规模大小与省域基本公共服务供给水平呈倒“U”形关系，首位城市规模的增大会扩大省域各城市间基本公共服务水平的差距，制约省域内基本公共服务在省域层面的均等化发展，且表现出明显的时间差异性[60]。

关于城乡公共服务均等化测度的研究，大多数文献的结论认为城乡不均等化程度在扩大。李斌等基于 2002—2012 年的城乡公共服务均等化水平的测度显示，城乡公共服务水平差距被不断拉大，其主要原因可能在于地方政府具有明显城市倾向性的民生财政支出[61]。王胜华采用 2000—2017 年省级面板数据的检验结果也表明，城乡公共服务差距呈逐步扩大趋势，且消费性公共服务城乡差距大于生产性公共服务城乡差距，落后省份的经济赶超行为使地方政府偏好生产性支出，而增加生产性政府支出将导致城乡公共服务差距进一步扩大[8]。杨晓军等从公共教育、医疗卫生和公共文化三个层面构建城乡基本公共服务水平评价体系，选取 2003—2018 年 270 个地级市层面的面板数据，运用熵值法和信息熵函数测算其城乡基本公共服务均等化水平，测算结果表明，中国城乡基本公共服务均等化水平存在空间非均衡特征，且总体差异呈波动上升态势，说明全国范围内的非均衡性不断增强[62]。朱云飞等从义务教育、医疗卫生、社会保障、基础设施、文化生态五个方面，基于 2012—2018 年省（区、市）级层面城乡公共服务水平及城乡均衡状况的评价结果也表明，多数省份处于乡村公共服务水平较低、城乡公共服务差距较大的“双劣”状态[63]。从客观数据评价来看，城乡公共服务水平差距呈扩大趋势，但是，2005 年和 2015 年中国综合社会调查（CGSS）数据的对比研究发现，城乡居民的公共服务满意度总体有所提升，农村居民的满意度反而略高于城市居民[64]，2013 年 CGSS 的研究也发现，相较于农村居民，城市居民个体由于对公共服务有较高期望而导致相对较低的公共服务满意度[65]。此外，家庭收入水平较高、阶层认同较高以及主观幸福感较强的居民，其公共服务满意度较高[64,65]，个人的受教育程度与基本公共服务的满意度呈负相关关系，个人的受教育程度越高，对公共服务的满意度越低[65]，也说明了个人特征影响主观上对公共服务满意度的评价，但城乡之间公共服务差距依然存在。2017年中国社会状况综合调查（CSS）数据显示，城市居民和农村居民对不同基本公共服务项目的关切存在明显不同，城市居民最关注就业保障类公共服务项目，而农村居民对养老保障、医疗保障以及住房保障的保障不足有强烈感知[34]。无论是主观感知评价还是客观指标判断，都无法回避城乡之间基本公共服务差距依然明显的事实。

城乡二元制度是城乡公共服务非均等化的根源和主要宏观因素[16][66]。新中国成立后很长一段时间，城市实行的是“政府主导型”的公共服务供给制度，农村实行的是“农民自保型”的公共服务供给制度[3]。城市发展偏向和地方政府财政支出偏向，造成了城乡基本公共服务差距过大，这种差距也进一步导致了农村居民在生存和发展能力上处于明显弱势[67]。城乡基本公共服务不均等与财政体制相关，城市偏向型的发展战略和非均衡供给制度直接导致城乡公共产品的非均等化[3][16][67]，城市偏向的财政政策被认为是城乡之间差距的主要直接原因[7]。财政政策通常会扩大城乡公共服务差距，相关财政支出比例的提高产生了扩大城乡差距的效应，需要改变财政支出政策的城市偏向原则[68]。不可否认的是，转移支付作为我国实现基本公共服务均等化的重要制度安排，在致力于缩小地区间公共服务差距方面发挥了重要作用，但是，对缩小地区内部的城乡公共服务差距却产生了不利影响，主要原因在于我国经济赶超水平较高地区是获得转移支付较多的地区，而这类地区往往长期处于经济发展的末端，经济赶超处于常态，因此经济赶超较高地区容易陷入转移支付引导下的城乡公共服务“二元”困局，经济赶超水平越高，转移支付对城乡公共服务差距缩小的抑制作用越大[69]。有研究指出，增加公共卫生领域的财政支出并不能立即缩小城乡间公共卫生服务的巨大差距，单纯提高人均社会保障经费对缩小社会保障服务城乡差距也没有明显作用[7]。此外，转移支付的“撒胡椒面”式分配机制，公共服务标准的碎片化、多元化机制，基本公共服务的“错配”机制等机制障碍是城乡基本公共服务不均衡的最主要因素[70]。

也有研究认为，城市化和财政政策都是影响城乡公共服务差距的重要因素，但它们的作用大体上是相反的。城市化有助于缩小城乡公共服务差距，而财政政策通常会扩大城乡公共服务差距。城市化水平的提高有助于缩小城乡公共服务的差距，而相关财政支出比例的提高则产生了扩大城乡差距的效应。为缩小城乡公共服务的差距和不平等，一方面需要提高城市化水平，另一方面需要改变财政支出政策的城市偏向原则[68]。

此外，地理环境在客观上制约着城乡公共服务均等化[16]。与城市相比，农村地区一般地域广大而居住分散，公共服务的提供成本相对要高出很多。尤其一些边远山区，自然条件十分恶劣，不适合人类居住。这些地区无论是道路，还是水电的建设投资成本都很高，而使用人口主要是特定的少数农民，当投资主体缺少投资资金时，这里就很容易成为公共服务的盲点。

2.2 公共服务效率评价及影响因素

公共服务效率是指公共服务资源投入与公共服务效果产出的比例以及公共服务资源分配的有效性[71]。基于此，多数研究采用数据包络分析（Data Envelopment Analysis，DEA）这一对多投入、多产出的多个决策单元的效率进行评价的方法，或改进的方法对公共服务整体或某一类公共服务的供给效率进行了评价，并且分析了影响公共服务效率的多种因素。

基于全国、区域及城市群层面的研究，多数结果均表明，现阶段我国公共服务供给效率整体不高。薛青河等采用 DEA 方法，以全国 31 个省（区、市）的政府教育、医疗、社会保障总人均支出作为投入指标，以医务人员/万人、医疗机构数/万家、病床数/万张、养老保险参加人数/万人以及小学、中学、大学师生比作为产出指标，对 2005—2009 年的评价结果发现，全国平均公共服务效率呈下降趋势，城市化进程对促进政府公共服务支出效率提高具有显著影响[72]。邓宗兵等用教育、公共卫生和社会保障的投入产出指标来衡量公共服务供给效率，运用三阶段 DEA 模型对 2011 年 31 个省（区、市）公共服务供给效率进行的实证研究表明，全国公共服务供给的规模效率和技术效率均有改进空间，仅有 1 个省份属于“双高型”，有 17 个省份属于“双低型”，人均 GDP、人口密度、居民受教育程度、城镇化水平对供给效率具有显著的正向影响[73]。闫威等采用非参数 DEA-Malmquist 指数方法对全国 31 个省（区、市）2003—2007 年社会保障公共服务效率进行评价，结果表明，2005 年以来社会保障资金运行效率逐年下降，总体处于较低水平，各省（区、市）社会保障公共服务效率在不同年份间波动较大[74]。

蒋雨彤从教育、医疗和社会保障三个方面，运用 Bootstrap-DEA 方法对 2014 年中国公共服务供给效率进行测度，结果表明，中国公共服务供给效率总体偏低，公共服务规模出现供给浪费或供给紧缺导致的规模效率低下是其主要原因，中部地区公共服务供给效率最高，东部和西部地区次之，公共服务供给规模是导致供给效率区域差异产生的主要原因[75]。胡洪曙等运用以财政投入为导向的 DEA 模型对我国 31 个省（区、市）2013—2017 年基本公共服务的供给效率进行的实证结果表明，我国基本公共服务的财政端综合供给效率未能得到显著提升，但从纯技术效率的角度出发，绝大多数地区的管理水平和制度效率提升明显，总体效率提升缓慢的原因在于规模报酬的降低[76]。郑林昌等利用 DEA 分析法，选取基本教育、社会保障与就业、基础医疗卫生和交通公共服务四个领域，对京津冀地区公共服务投入产出效率进行分析，结果表明，京津冀地区整体公共服务投入产出综合效率较低，公共服务水平和效率差异较大[77]。郑林昌等的研究结果表明，区域协同发展政策的实施对京津冀公共服务供给效率提升的整体效果并不明显[78]。

农村公共服务供给效率也是当前研究关注的热点之一。郑英宁等运用 DEA 分析法对 2006 年 28 个省（区、市）的农村公共服务效率进行的实证分析表明，农村公共服务纯技术效率水平和规模效率水平在全国均呈梯度变化特征，即东部、西部、中部地区的农村公共服务纯技术效率依次递减，东部、中部、西部地区的农村公共服务规模效率依次递减[79]。朱玉春等采用2005—2007年的数据进行同样的分析，结果表明，辽宁、上海、福建、山东、广东、湖南、内蒙古、四川8个省（区、市）的公共服务效率较高[80]，多数省份公共服务效率有较大提升空间。罗芳等采用超效率DEA模型估算发现，1990—1995年湖北农村公共服务效率呈“U”形，之后逐年递减，经济发展水平越高，农村公共服务效率反而越低，农村居民收入水平的提高对公共服务效率具有促进作用，城市化程度加深反而降低了农村公共服务效率，财政分权度对农村公共服务效率无显著影响[81]。谢迪等利用2013年湖北省5个村庄1098份有效问卷调查数据的深入分析发现，村庄治理系统优化有利于农村公共服务效率的提高[82]，整合农民多元理性，培育乡村公共精神，激励政治契约精神，重视共融利益，推动传统与现代融合，能够强化农民理性对农村公共服务效率的正向效应[83]。王爱民对苏北5市农村公共服务效率的研究发现，城乡公共资源分配的公平程度、城镇化水平、市场化程度是影响农村公共服务效率的主要因素，城乡公共资源分配的公平程度与农村公共服务效率之间存在非线性关系，初始的城乡差距有利于提高农村公共服务效率，但当城乡公共资源分配的差距到达一定程度后，将不利于农村公共服务效率提高，加快城镇化有利于提高农村公共服务效率，市场化程度有利于农村公共服务效率提高，但需要市场机制充分有效发挥作用[84]。此外，政府意愿与农民意图的有效衔接，政府有效发挥诱导效应也是提高农村公共服务效率的重要途径[85]。

2.3 人口流动与公共服务供需匹配

人口流动受多种因素影响，其中包括教育、医疗等在内的基本公共服务正逐渐成为人们迁移决策时要考虑的重要方面。中国存在政府资源配置的行政中心偏向，城市间公共服务差异较大，这种城市间公共服务差异对中国人口迁移决策产生了重要影响[86]，夏怡然等利用2005年1%人口抽样调查中劳动力流动的微观数据的分析表明，劳动力流向某个城市主要受更高的工资水平、就业机会、基本教育和医疗服务的影响，长期流动的劳动力更倾向选择流向公共服务好的城市[87]。刘金凤等采用2017年中国流动人口动态监测调查数据的分析表明，城市公共服务显著影响了流动人口的永久迁移意愿，城市的公共服务水平越高，流动人口的永久迁移意愿越强，子女有更好的教育机会已成为流动人口打算居留在本地的主要原因，收入水平高和个人发展空间大为次要原因[86]。孔凯歌等基于中国2005—2014年省际面板数据分析表明，工资水平对劳动力的拉动作用在弱化，劳动力在转移时越来越注重公共服务水平的影响[88]。不同类型的公共服务对人口吸引程度也有差异，韩峰等通过对2003—2010年全国283个地级及以上城市的面板数据分析发现，教育和医疗卫生两类公共服务能够显著促进人口规模扩张，并且具有空间溢出效应，即也会对周边人口增加产生正向效应，而基础设施类公共服务对于促进本地人口增长则并不明显，也未对周边城市人口规模扩大产生明显的外溢作用[9]。

以上研究结果均表明，城市间的公共服务均等化政策可在一定程度上缓解人口向大城市集聚的趋势，促使劳动力的空间分布更加均匀化，遏制城镇化进程中出现的城镇规模两极分化趋势[86]。李斌等基于中国286个城市2002—2012年的地区公共服务差异和城乡公共服务均等化水平分析发现，地区公共服务差异是促进人口异地城市化的显著因素，公共服务差异对农村人口向城市迁徙起刺激作用，地方政府具有明显城市倾向性的民生财政支出，大力提升城乡公共服务均等化水平是促进我国城市化均衡发展的可循之道[61]。但是，有研究进一步指出，均等化的公共政策只是在一定程度上缓解人口向大城市集聚，即使公共服务均等化政策能够促使人口分布适度分散，仍然无法改变劳动力向大城市集聚的趋势，在极端情况下，即使城市间的公共服务完全均等化，从而使劳动力流动完全不为公共服务影响，人们还是会为了更高的工资和更好的就业而向大城市集聚。因此，为了应对中国未来的劳动力向大城市集聚的问题，实行城市间公共服务均等化只能作为一种辅助性的政策来缓解人口流入地的人口压力[87]。

在人口大规模流动背景下，居住人口空间分布与公共服务空间分布不匹配导致了公共服务空间不均等[12]。户籍人口增速缓慢且相对平稳，而快速成长的城市流动人口规模往往呈超常速度增长，地方财政要为户籍人口和流动人口提供应有的公共服务，加之流动人口市民化程度的推进和公共服务均等化程度的提高，快速成长城市公共财政要提供与现阶段常住人口规模相称的公共服务，财政支出也会随之增加[89]，但很多地方财政在公共服务领域的支出无法满足人口流入的大规模需求，引发城市地区基本公共服务供需矛盾突出等一系列问题。在长三角人口流入城市，地方政府未能按照常住人口进行公共服务供给，出现了以常住人口平均的基本公共服务支出随人口流入而下降的状况，并且下降幅度会随着人口流动规模越过门槛值而进一步提高[90]。人口流入大省广东省 2007—2016 年的数据研究发现，广东公共服务支出并没有达到供需匹配状态，其中公共安全和社会管理支出出现严重不足，医疗卫生较为不足，公共教育和社会保障及就业支出则略显不足[91]。

外来人口的增加使得地方政府面临巨大的财政压力，地方政府可以通过户籍来限制某些居民享受普通教育和基本社会保障，而且外来人口的增多会提高城乡社区事务的支出水平[92]。珠三角等发达地区涌现出许多规模巨大的“大城镇”，外来人口数量众多，部分小城镇的人口、经济、建设规模等多项指标达到中小城市规模，但目前仍按镇级建制实行行政管理，公共服务设施的配置水平低，明显与其社会经济发展需求不符[93]。在我国，城市行政等级越高，其配置公共服务资源的权力越大，越能集中公共服务资源，从而导致城市之间因行政等级不同而出现公共服务水平的差异[94]，然而上述经济发达的城镇地区，外来人口大规模流入，但行政级别不高，出现了难以按照常住人口提供各项公共服务的困境。

2.4 城镇化与公共服务协调发展研究

人口城镇化与基本公共服务互动是非常复杂的系统工程[95]，基本公共服务供给水平与城镇化水平之间存在相互促进与制约关系[96]。当前，我国已由传统城镇化发展为新型城镇化，新型城镇化重视城镇化质量，主要体现为以人为本和实现公共服务均等化。从理论上讲，新型城镇化为公共服务提供物质基础，建设新型城镇化的目的就是让全民共享改革发展成果，实现公共服务精准供给，提高居民生活满意度；公共服务是新型城镇化的内在动力，转变传统的粗放型发展、转变依靠非均等化基本公共服务压低成本的城镇化模式，提高教育、医疗、社会保障、环境保护和交通基础设施等城镇化供给水平和群众满意度，会吸引更多的人才流入，从而带动二三产业发展，为新型城镇化的发展提供动力[97]。因此，当前研究主要集中于两个方面，一方面是城镇化与公共服务协调发展评价；另一方面是基于新型城镇化背景下探讨城镇化质量与公共服务之间的关系。

关于城镇化与基本公共服务协调发展水平评价方面，有从全国层面开展研究的，也有就某一或某几个省份或地区进行评价的。赵丽基于2005—2012年我国30个省（区、市）的人口城镇化和公共服务协调发展状况分析发现，城镇化与公共服务发展总体协调水平不高，大部分省份处于失调状态，协调水平比较低的省份主要集中在中西部地区，协调水平比较高的省份大多处在东部发达地区[98]，并且东部沿海地区人口城镇化与公共服务协调水平具有明显的空间集聚特征，经济水平、政府政策、工业化水平、市场化程度是影响两者协调发展的主要正向因素[99]。马慧强等对2008—2017年我国31个省（区、市）（不包括港澳台地区）的基本公共服务、城镇化、区域经济耦合协调发展进行研究发现，三个系统的耦合协调发展关系总体比较稳定，且耦合协调度空间分异明显，基本公共服务质量滞后于其他两个子系统发展，且滞后期大约为2年，人均GDP、城镇单位就业人员、人均地方财政收入、货物进出口总额是三大系统耦合协调发展空间分异的主要影响因素[100]。尹鹏等对我国31个省（区、市）2008—2018年的数据分析发现，基本公共服务与城镇化质量的关系极为密切，关联度指数大都在0.85以上，医疗卫生服务与城镇化质量关联度最高，文化体育服务与城镇化质量关联度最低，经济发展水平越高，基本公共服务对城镇化质量的促进作用越强[101]。不同城镇化阶段公共服务的投入也存在明显差异，李燕等将2010年全国地级城市横截面数据划分城镇化阶段后发现，在城镇化水平较低阶段，公共服务中教育和医疗系统的投入最多，相对而言，社会保障的被重视程度严重不足；在城镇化水平较高的阶段，公共服务中教育系统的投入开始下降，城镇化水平较高的城市在医疗、交通、文化和社会保障系统中的投入呈现飞跃式的增长，公共服务的投入从较低城镇化阶段到较高城镇化阶段呈现出“快速增长—稳定增长—快速增长”的态势[102]。

有相当一部分研究是对某一个或某几个省份或地区进行评价。杨兵兵等以西部地区为研究对象，对2007—2014年人口城镇化与基本公共服务协调度进行时空综合分析，结果发现，人口城镇化和基本公共服务的协调度呈上升趋势，在空间上集聚特征不显著，空间差异性不高[103]。杨海等以东北地区37个地级市为研究对象，选取2006年、2011年、2015年作为研究时点，对人口城镇化与基本公共服务的协调发展度进行综合评析发现，两个系统耦合度水平较高，城市之间地域分异明显，一半以上的城市实现人口城镇化与基本公共服务同步发展，但基本公共服务滞后的城市占有较大比重[104]。胡翠等基于2008—2017年长江经济带面板数据研究表明，新型城镇化和公共服务发展水平逐年提高，并且其空间格局和经济发展水平具有一致性，两者协调度的空间集聚特征显著，存在一定的空间依赖性和空间相关性[105]。胡畔对江苏省13个地级市的研究发现，基本公共服务的供给水平并没有因为新型城镇化发展阶段的到来而稳步上升，却出现了与城镇化率明显的错位不协调与梯度差异[96]。曾繁荣等根据四川省2008—2017年18个城市的研究发现，基本公共服务与经济城镇化、社会城镇化趋于良好协调发展，基本公共服务与人口城镇化趋于勉强协调发展，人口城镇化的发展降低了基本公共服务水平，经济城镇化、社会城镇化的发展，能够提高基本公共服务水平[106]。2014年，福建省人口城镇化与基本公共服务协调发展水平总体偏低，人口城镇化与市政设施服务的协调发展度最高，与文化体育服务协调发展的空间差异最大[107]。2017年，湖北省各地级市人口城镇化与基本公共服务水平协调度体现出较高的一致性，并且呈空间非均衡性，局部空间集聚也具有地区差异性[108]。吉林省人口城镇化与基本公共服务处于低水平拮抗耦合阶段，人口城镇化与各项公共服务基本处于强脱钩和弱脱钩状态[95]。付占辉等对河南省南阳市1997—2015年县域城镇化与基本公共服务之间的关系分析发现，城镇化与基本公共服务空间不匹配，多错位发展，城镇化与基本公共服务耦合协调水平较差，总体以失调和勉强协调为主[109]。

有关新型城镇化背景下两者关系的探讨主要集中于城镇化质量与公共服务效率提升角度。基本公共服务效率是城镇化质量提升的内在基础与前提，城镇化质量是基本公共服务效率提高的重要支撑与保障，尹鹏等以2007—2017年我国31个省（区、市）为研究对象，分析表明，基本公共服务效率与城镇化质量的耦合程度总体呈现递增态势，两者的耦合度空间差异较小且逐年降低，基本公共服务效率与城镇化质量的协调度整体不高，呈现较为明显的非同步发展特征[110]。以公共服务为要素构成维度的城镇化质量对经济效益的影响大于其对城镇化进程的影响，并且滞后的长期效应大于当期效应，2005—2014年，以公共服务为评价指标的城镇化质量呈现出东部、中部、西部区域的梯度式下降趋势，城镇化质量对于城镇化进程及经济效益有着显著的正向关联影响[111]。对2005—2014年甘肃省的研究发现，各地区基本公共服务的效率值略有下降，人口城镇化的效率值明显提升，而总系统的效率值则略有上升，人口城镇化系统的效率优于基本公共服务系统和总系统的效率[112]。

2.5　城乡基本公共服务对收入差距的影响研究

城市偏向的基本公共服务供给导致了城乡居民基本权利差异，进而影响城乡居民获得收入的能力和机会，最终导致了城乡收入差距[113]。刘渝琳等基于1999—2008年的城乡数据分析表明，城乡公共教育和社会保障投资差距会扩大城乡居民的收入差距，说明公共教育和社会保障制度本应该起到调节和缩小城乡收入差距，维护社会公平的作用，但事实上不仅没有发挥其收入再分配的功能，甚至还起到了“逆向调节”作用[114]。从理论上说，社会保障支出应该有利于缩小城乡收入差距，现实中存在城市偏向的社会保障支出则不利于缩小城乡收入差距，中国社会保障支出在缩小城乡收入差距方面效率低下，社会保障支出城乡差异导致了城乡居民获得转移性收入水平差异，进而扩大了城乡收入差距[115]。李丹等采用1997—2015年中国26个省级数据的研究表明，城乡教育、医疗卫生和社会保障服务这三类基本公共服务差距进一步扩大，显著扩大了城乡收入差距，城乡交通设施虽然存在差距，但随着农村交通设施的完善，有效提升了农村居民的增收效果，有利于缩小城乡收入差距[67]。并且，西部地区的城乡教育、社会保障差距对城乡收入差距的影响最为显著，但城乡交通设施建设对缓解城乡收入差距的影响最为明显，东部地区的城乡医疗卫生差距对城乡收入差距的影响最小[67]，说明公共服务差距对收入差距的影响具有显著的区域异质性。在经济发达地区，由于财力较为充裕，城乡基本公共服务供给相对均等，更有利于缩小城乡收入差距，在经济欠发达地区，由于财力有限，财政支出存在更为严重的城市偏向[116]。公共服务供给效率提高对城乡收入差距的影响也具有明显的区域异质性，这与我国不同区域的经济发展水平、制度环境有关[117]。

进一步研究发现，教育和医疗卫生通过影响城乡居民人力资本积累，对工资性收入和经营性收入差距有较大影响，而对财产性收入和转移性收入影响不明显，社会保障支出对城乡转移性收入差距影响较大，对其他类收入差距影响不显著[116]。公共服务供给引致人力资本非均衡分布将加剧地区转型进程分化，赋予地区收入差距更大的累积性[118]。刘伟等利用中国1995—2012年省级面板数据分析表明，一般公共服务支出、社会保障支出和农林水事务支出对城乡收入差距的影响有扩大效应，科教文卫支出则有利于城乡收入差距的缩小[119]。此外，朱琳基于中国2000—2019年30个省级面板数据分析发现，信息基础设施发展也扩大了城乡收入差距[120]。

3

中国城乡基本公共服务的实践逻辑与发展脉络

3.1 城乡基本公共服务发展的现实差距

长期以来，由于我国城乡发展不平衡不协调的现实情况，乡村有效公共服务供给不足，城乡在基础设施、教育、医疗、养老等基本公共服务的均衡性和可及性上存在明显差距。2021年，我国城市燃气普及率98.04%，污水处理率97.89%。乡村燃气普及率33.63%，污水处理率26.97%，对污水进行处理的乡村仅占36.9%[①]。城乡养老待遇差距巨大，农村养老的服务设施、服务人才等方面的公共资源也明显落后于城市。中央农村工作领导小组办公室原主任陈锡文在中国社会保障协会主办的论坛“共同富裕大家谈”上指出，目前我国农民平均发放养老金为每月188元，只相当于城镇职工平均退休金每月3577元的5.26%。乡村优秀教师和优质生源也呈现急剧减少趋势。总体来看，城乡基本公共服务差距主要体现在以下三个方面：

第一，基本公共服务供给总量不均。城乡公共服务的供给总量存在显著差异，部分地区农村基本公共服务供给明显不足。城市地区由于经济发达、人口密集，往往能够获得更多的财政投入和政策支持，公共服务设施完善、种类丰富。相比之下，农村地区由于经济基础薄弱、财政投入有限，公共服务供给明显不足，尤其在教育、医疗、养老等领域，难以满足农民群众日益增长的需求，且适老化、适残化改造不足。

第二，基本公共服务供给质量失衡。普遍存在的情况是，同类公共服

① 数据来源：《中国城乡建设统计年鉴2021》。

务，城市供给质量明显高于农村。比如，城市地区的教育资源相对丰富，教育质量普遍较高，学校设施完善，师资力量雄厚，学生能够享受到更加全面和优质的教育服务。相比之下，农村地区的教育资源相对匮乏，学校设施简陋，师资力量薄弱，教育质量难以保障，导致城乡教育水平差距明显。医疗卫生服务存在类似情况，城市地区的医疗机构数量多、级别高，医疗设备先进，医护人员素质高，能够提供更加全面和高质量的医疗服务。农村地区则普遍面临医疗机构数量不足、医疗设备落后、医护人员短缺等问题，医疗服务质量难以保证，看病难、看病贵的问题依然突出。社会保障方面的差异尤其显著，城市地区的社会保障体系相对完善，包括养老保险、医疗保险、失业保险等多种保障制度，能够较好地保障城市居民的基本生活需求。农村地区的社会保障体系则相对薄弱，覆盖范围有限，保障水平较低，难以满足农村居民的基本生活需求。

第三，基本公共服务供给实效差异较大。在城乡公共服务供给财政投入相同的前提下，乡村公共服务供给实效明显落后于城市。一是存在公共服务设施布局不合理现象。部分城乡公共服务设施布局缺乏科学规划和前瞻性，导致资源配置不均衡。一方面，城市内部可能出现“服务过剩”与“服务盲区”并存的现象，优质资源向中心区域集中，而城乡接合的边缘地带和新建社区则服务不足；另一方面，农村地区服务设施分散且规模小，难以形成规模效应，影响服务质量和效率。二是部分乡村存在公共服务设施闲置和低效使用情况。在一些地区，特别是偏远农村或经济欠发达地区，由于人口外流、需求不足等原因，部分公共服务设施长期处于闲置或半闲置状态，造成资源浪费。同时，部分设施由于缺乏有效管理和维护，运营效率低下，难以满足群众的基本需求。三是管理体制机制不畅。城乡公共服务的管理体制和运行机制尚不完善，存在多头管理、职责不清、协调困难等问题，使得基本公共服务的供给更加低效，导致政策执行不力、监管不到位，影响了公共服务的有效供给和持续改进。此外，缺乏有效的绩效考核和激励机制，难以激发服务提供者的积极性和创造力。

城乡基本公共服务发展的现实差距，导致资源分配不均，加剧社会不平等，造成社会公平的缺失，从而影响人民群众的生活质量和幸福感。社会公平正义是推进基本公共服务均等化的核心价值诉求。推进基本公共服务均等化是实现社会公平正义的重要途径，也是提高人民幸福感、促进公民全面发展的必要保障。现代社会中，基本公共服务（如教育、医疗、社会保障等）被视为公民的基本权利。然而，受历史、地理、经济等因素的影响，城乡之间、地区之间在基本公共服务的提供上存在明显的差距。这种差距不仅违背了社会公平正义的原则，也制约了社会的和谐发展。因此，推进基本公共服务均等化，确保每个公民都能享受到大致均等的基本公共服务，成为实现社会公平正义的重要途径。城乡基本公共服务均等化凸显了公平正义的社会价值诉求，是建设和谐社会的重要内容。每个公民都应享有教育、健康和最低生活保障等基本权利，这是对其基本公民权的拓展。实现城乡基本公共服务均等化，有助于缩小区域差距和城乡发展差距，确保人民共享发展成果，实现社会公平正义的分配。

3.2 城乡基本公共服务供给的实践逻辑

3.2.1 我国城乡关系演变历程

3.2.1.1 1949—1977 年城乡二元割裂与乡村支持城市发展阶段

1949 年新中国成立后，各项事业建设百废待兴，工业基础几乎为零，社会主义建设进入探索期，结合当时国际、国内形势，国家把优先建设重工业作为发展战略。国家逐步建立起一套抽取农业剩余，补贴工业发展的计划体制。农产品生产由国家集中统一安排，中央政府通过高度集中的计划经济对农产品流通实施管制，实行统购统销制。国家通过压低农产品价格、降低工业原材料成本，形成工农产品价格“剪刀差”，农产品无法在市场中自由流通。从 1957 年开始，农村实行“政社合一”的人民公社新体制管理，城乡户籍划分明确，严格的城乡户籍制度，使劳动力流动僵化，造成城市与乡村社会地位悬殊，乡村社会发展明显滞后，城乡二元结构进一步固化。通过农村人民公社制度、农产品统购统销制度、城乡二元户籍制度，以及城乡差别的社会福利制度，把城乡隔绝起来，通过工农业产品价格“剪刀差”，不断地汲取农业剩余。这样就形成农业辅助工业发展的局面，城乡关系在国家政策偏向城市的情况下形成“以农助工，以乡养城”的格局。城市工业发展形成独立体系，乡村农业发展受到限制。封闭隔离的城乡二元体制逐步形成，导致城乡社会发展鸿沟越来越深。总体而言，计划经济体制强化了中国的城乡二元结构，呈现四个方面特征[121]：①工农业产品不等价交换；②城乡要素难以自由流动，大量农村富余劳动力沉淀在土地上；③农民没有自由择业权；④农村居民和城镇居民的权利和发展机会严重不均。正是在这种困难的局面下，中国城乡关系开始在市场化取向的改革大潮中探索出路。

3.2.1.2 1978—2001 年改革背景下城乡二元结构调整与城乡关系探索阶段

1978 年，中国经济体制改革首先从农村发起，破除人民公社体制，在农村实行家庭联产承包责任制。自农村实行新的制度以来，农民的生产积极性极大提高，乡镇企业也随之蓬勃发展。这一时期对城乡关系的认识更多的是渐进式的协调，我国城乡关系获得了很大的改善，农村迅速发展，农民收入提升，城乡差距缩小。1985 年，国家改革重心从农村转向城市，以促进城市为中心的经济体制改革全面展开，进行了企业体制、计划体制、投资体制、价格体系以及金融体制等方面的改革，对外开放也进一步扩大。城镇居民收入大幅增加，城乡居民收入差距扩大。城镇化过程中农地问题凸显，强迫征地、补偿低等问题不利于农民生活的保障。农民工的身份地位、就业机会、劳动待遇以及社会保障和福利与城市居民相去甚远。这一时期对城乡关系的认识和定位虽然围绕社会主义市场经济体制改革采取了劳动力城乡自由流动的政策，但是单纯以城市或者农村为中心的发展不利于城乡关系的平衡发展，必须促进城市和农村的统筹发展，真正实现城乡融合发展。

3.2.1.3 2002—2016年统筹城乡发展与城乡一体化发展阶段

2002年11月，针对长期以来形成城乡差距越来越大，党的十六大明确提出“统筹城乡经济社会发展”要求。这是第一次在党的全国代表大会上从国民经济社会全局的角度提出的城乡共同发展战略。作为一种发展理念和战略布局，城乡统筹的核心在于打破城乡二元结构，使城乡生产力要素在市场经济的调节下加速流通，实现城乡之间的深度融合与协调发展。其中，城乡发展一体化是城乡统筹的首要任务。它要求实现城乡产业协同发展，促进城市工业、服务业与农村农业的良性互动，推动农村产业结构调整和升级。同时，加强城乡基础设施建设，确保城乡之间交通便利、信息畅通，为城乡一体化发展提供物质基础。资源统筹配置是实现城乡统筹的重要手段，包括土地、劳动力、资本等生产要素的城乡间优化配置，确保资源的高效利用和可持续发展。城乡统筹要求实现经济社会协调发展，包括推动城乡经济发展均衡，缩小城乡收入差距，提高农村居民的生活水平。同时，注重社会事业的城乡均衡发展，确保城乡居民在教育、医疗、文化等领域的权益得到保障。权力与服务均等化是城乡统筹的重要目标，无论城镇居民还是农村居民都应享有平等的权利，包括受教育权、就业权、社会保障权等。公共服务的城乡均等化也是关键，要确保城乡居民都能享受到高质量的教育、医疗、文化等公共服务。生活条件同质化是城乡统筹追求的境界。它要求城乡居民在居住条件、生活设施、环境质量等方面达到基本相同的水平。通过加强农村基础设施建设，改善农村人居环境，提高农村居民的生活质量，实现城乡生活条件的同质化。

2012年11月，党的十八大报告明确提出“推动城乡发展一体化”，形成以城带乡、城乡一体的新型城乡关系，政策重心依然在城市，以城市带动乡村发展。城乡一体化的发展是一个逐步演进的过程，旨在打破城乡二元结构，促进城乡共同发展，实现城乡基本公共服务均等化。城乡一体化的主要目标是改变长期形成的城乡二元经济结构，实现城乡在政策上的平等、产业发展上的互补、国民待遇上的一致，缩小城乡之间的发展差距，促进资源在城乡之间的合理流动和优化配置，从而让农民能够享受到与城镇居民同样的文明和实惠，构建和谐发展的社会。城乡一体化还涵盖了城乡规划一体化、城乡产业发展一体化、城乡要素配置一体化、城乡基础建设一体化、城乡社会事业发展一体化、城乡社会保障一体化以及城乡生态建设一体化等多个方面。这些方面的协同发展有助于缩小城乡差距，实现城乡之间的深度融合与协调发展。

3.2.1.4 2017年以来城乡融合发展阶段

2017年，党的十九大报告提出了两个融合发展，即“建立健全城乡融合发展体制机制和政策体系”和“促进农村一二三产业融合发展”。城乡融合发展指的是以城乡生产要素双向自由流动和公共资源合理配置为重点，通过工业对农业的反哺和城市对乡村的带动，统筹推进城乡基本公共服务普惠共享、城乡基础设施一体发展、城乡产业协同发展以及农民收入持续增长。这一战略旨在形成工农互促、城乡互补、协调发展、共同繁荣的新型工农城乡关系，从而加快农业农村现代化和乡村振兴。城乡融合发展的核心在于打破城乡分割的壁垒，构建城乡一体的经济体系和社会保障体系，实现国家整体层面的现代化。这要求优化产业结构与空间布局，促进城乡产业互动与空间规划相统一，鼓励产业在城乡之间有序转移和互补，形成城乡产业共生共荣的局面。同时，城乡融合发展还有助于消除城乡间基本公共服务供给不均等的问题，逐步实现城乡居民收入差距的实质性缩小，确保农民平等参与现代化进程、共同分享改革发展成果。

统筹城乡发展强调政府的宏观统筹作用，要求对城乡发展进行整体规划和协调，以促进各类资源要素在城乡之间的合理配置和优化。城乡发展一体化强调从体制机制入手，打破二元结构，推动城乡在规划布局、基础设施、产业发展、公共服务、环境保护和社会治理等方面的无缝对接和一体化发展。在城乡统筹、城乡一体化发展过程中，通常存在把城市放在中心和主导地位、乡村放在从属和被动地位的倾向[122]。城乡融合发展更加强调城乡双向发力，全方位、深层次的融合互动，涵盖经济、社会、文化、生态等多个方面，既强调市场作用，也强调政府作为，是对城乡统筹和城乡一体化的拓展和升华。在推进城乡融合发展中，乡村与城市处于优势互补、平等交换的地位，更加强调把乡村与城镇的发展视为一个融合共生的有机整体。城乡统筹、城乡一体化和城乡融合三个概念各有侧重又相互联系，并不是简单地替代或迭代，而是从不同视角、不同语境对城乡关系的深刻表达，体现了政策的一脉相承、一以贯之，也蕴含了科学发展的规律，三者都是实现城乡共同繁荣的重要途径。

3.2.2 城乡关系演变下的城乡基本公共服务供给

我国城乡基本公共服务供给受到同阶段城乡关系的深刻影响。长期以来，我国形成的城乡二元结构的发展模式，使得城市和农村在经济发展、资源分配、政策支持等方面存在显著的差异。城乡户籍制度是城乡二元结构的主要标志，其实质在于将全体国民差别化对待，并最终形成附着一系列社会经济差别的区隔制度。城市居民由于户籍所在地的优势，往往能够享受到更多的公共服务资源，而农村居民则因为户籍限制面临资源匮乏等局面。这种制度性分割不仅限制了农村居民的发展机会，也扩大了城乡基本公共服务差距。财政投入重城轻乡也是城乡基本公共服务差距的重要制度性原因。在财政分配上，往往存在城市偏向的现象，即财政资金更多地投向城市地区，导致城市公共服务设施建设和服务水平远高于农村。相比之下，农村地区的财政投入不足，制约了其公共服务的发展和提升。城市导向的发展政策在不同程度上影响了城乡公共服务的均衡发展，甚至是造成农村与城市公共服务差距过大的主要原因。此外，在工业化、城市化原始积累的大背景下，国家长期向乡村汲取人力、物力和财力，农村基本公共服务因此形成了许多短期内难以弥补的历史欠账。农村经济基础相对薄弱，且资源分配不均。城市地区通常拥有更多的社会资源和市场机会，而农村地区则存在基础设施、资金、人才等方面的短缺，导致城乡在公共服务（如教育、医疗、社会保障等方面）的投入和质量存在明显的差距。

从城乡二元结构到统筹城乡和城乡一体化发展阶段，乡村基本公共服务投入增加，质量提升，城乡基本公共服务均等化逐渐被提上日程。城乡基本公共服务均等化是城乡一体化发展的重要内容，对实现城乡融合发展具有重要作用。城乡基本公共服务均等化发展将更有利于推进城乡融合，实现全民共同富裕。基本公共服务的城乡融合是我国新时期城乡融合发展的主要内容。中国城乡基础设施和公共服务在规模和质量方面的差距依然显著，不能满足农村居民对美好生活的需求[123]。推进城乡基本公共服务均等化是赋予城乡居民同等发展权的重要保障，是缩小城乡差距、统筹城乡发展的关键措施[124]。城乡基本公共服务均等化发展，能够促进农村地区义务教育、医疗卫生、社会保障事业发展水平的提高，缩小城乡差距，并有利于提高农村劳动力的素质，改善基础设施建设，推动农业现代化的进程。加快城乡基本公共服务均等化具有创新发展与共享发展的双重价值意涵[125]。长期以来，无论理论研究还是政策层面关注更多的都是城乡间经济发展水平的差距问题，政府为缩小城乡差距而作出的努力也更多地集中于经济层面。可是在市场经济条件下，政府对经济的干预是严格受限的，政府调控城乡间经济发展差距的空间相对狭小，效果也不明显[126]。从公平正义和制度建设的角度看，缓解和缩小城乡差距重在通过缩小城乡基本公共服务差距以缩小发展机会和发展能力的差距[127]。

从城乡一体化到城乡融合发展阶段，党和国家愈加重视对城乡基本公共服务均等化的支持。早在 1998 年我国行政改革过程中，就提出过“公共服务型政府”的概念，以取代管制型政府模式。2004 年，国务院原总理温家宝在中共中央党校的一次讲话中正式提出服务型政府建设的问题，它更突出政府提供公共服务的职能，标志着服务型政府的理论探讨转向实践。2005 年 10 月，中共十六届五中全会通过《中共中央关于制定国民经济和社会发展第十一个五年规划的建议》，文件中提道：“按照公共服务均等化原则，加大对欠发达地区的支持力度……”，标志着“公共服务均等化”这一概念被正式提出。2008 年 10 月，中共十七届三中全会通过《中共中央关于推进农村改革发展若干重大问题的决定》，指出要“把国家基础设施建设和社会事业发展重点放在农村，推进城乡基本公共服务均等化”，要全面改善农村的生产生活条件，将基本公共服务均等化的重点放在农村，强调城乡基本公共服务均等化的重要性。2013 年 11 月，中共十八届三中全会通过的《中共中央关于全面深化改革若干重大问题的决定》，又进一步提出了“推进城乡要素平等交换和公共资源均衡配置，推进城乡基本公共服务均等化”，以及“统筹城乡基础设施建设和社区建设，推进城乡基本公共服务均等化”，是健全城乡一体化发展体制机制的重要举措。2021 年 4 月，中华人民共和国第十三届全国人民代表大会常务委员会第二十八次会议通过了《中华人民共和国乡村振兴促进法》，将“促进公共教育、医疗卫生、社会保障等资源向农村倾斜，提升乡村基本公共服务水平，推进城乡基本公共服务均等化”以法律的形式进行实施。

2021 年，国家发展改革委联合 20 个部门发布《国家基本公共服务标准（2021 年版）》（以下简称《国家标准 2021》），制定和实施国家基本公共服务标准是解决不平衡不充分问题、满足人民美好生活需要的重要手段。《国家标准 2021》从幼有所育、学有所教、劳有所得、病有所医、老有所养、住有所居、弱有所扶以及优军服务保障、文体服务保障九个方面，列出 22 大类、80 个服务项目的服务对象、服务内容、服务标准、支出责任以及牵头负责部门，明确了国家基本公共服务具体保障范围和质量要求。这是基本公共服务领域的首个国家标准，地方各级政府在基本公共服务供给和实施方面有了依据。《国家标准 2021》突出重点领域、重点群体和薄弱环节，将更多着眼点放在“雪中送炭”上，明确政府兜底保障的标准与水平，巩固基本公共服务投入，促进基本公共服务资源向基层延伸，向农村覆盖、向边远地区和生活困难群众倾斜，以缩小城乡间、区域间、人群间的基本公共服务差距。随着人民群众的迫切需求发生变化，2023 年 7 月，国家发展改革委等部门在对《国家标准 2021》中部分服务项目进行调整的基础上，又出台了《国家基本公共服务标准（2023 年版）》，意味着人民群众能享受到的福利水平更高了，得到的实惠更多了，得到的权益保障更全面了。

3.3 城乡基本公共服务发展脉络

1949年新中国成立之初，我国公民基本生存与发展权利保障状况极其糟糕。四亿五千万人口中，80%以上是文盲，小学学龄儿童净入学率只有20%[128]，人口死亡率高达30‰，人口平均寿命只有34岁，是世界上平均寿命最低的国家之一[129]。为了改变这一现状，新中国一成立就开始筹划如何保障群众基本权益，兴办教育、卫生、文化等事业，以便将社会主义平等原则落实到公民基本生存与发展权利的保障上，也奠定了我国基本公共服务体系的基础。

3.3.1 基本公共服务总体发展脉络

3.3.1.1 1949—1978年低水平广覆盖式发展阶段

新中国成立初期，国家就在《中国人民政治协商会议共同纲领》（1949年）、《中华人民共和国劳动保险条例》（1951年）和《中华人民共和国宪法》（1954年）等法律文件中，规定了公民的基本权利，包括受教育、卫生医疗、劳动保障等。在计划经济背景下，我国建立起了一个相对简单、平均主义和国家包办（配给制）的公共服务体系，以适应于当时的经济社会制度安排[130]。随着工业化战略的实施与计划经济体制的逐步确立，城乡二元管理体制也逐步建立起来，以户籍制度、职业身份制度和档案制度为基础的封闭型城市社会管理体制逐渐形成，基本公共服务体现出明显的城乡分治格局。公共服务体系建立在单位制度、户籍制度和城乡二元结构之上，以城市“单位制福利”和农村“集体福利制度”为主体。城市公共服务供给主要实行“单位制”，以政府包揽、分级负责、平均分配为主，企事业单位承担着职工的住房、养老退休、公费医疗、子女教育等福利。而农村地区则实行集体福利制，在村集体经济支持下兴办集体养老、集体小学、赤脚医生等保障项目。但是，新中国成立之初财政能力薄弱，公共服务财政支出极为有限，尤其是农村地区，村集体经济成为农村公共服务的主要融资和供给主体，国家直接提供的资金和资源支持较少。

3.3.1.2 1979—2004年公共服务供给不充分不均衡发展阶段

1978年之后，国家和各级政府把重心转移到经济建设中来，中国政府逐步推动了公共服务体系改革，以适应经济体制改革的需要，但仍然沿袭了传统的城乡二元结构化特征。在城市，很多单位开始自负盈亏，之前“单位制”下庞大的劳动保障和福利支出成为各单位重点削减的对象，公共服务供给开始从传统的“企业办社会”模式转变为社会化和市场化的供给模式。在农村，实行包产到户后，农业生产效率提高，农民收入得到保障，但是随着家庭联产承包责任制的全面推行，农村集体经济基本解体，建立于其上的传统公共服务体系相应瓦解。绝大多数地区的农村合作医疗体系无法继续运作，集体养老功能不断弱化，义务教育经费名义上由乡镇财政负担，但逐渐以各种名目的税费摊派到农民身上。可以说，这一阶段中国农村几乎处于公共服务供给的“真空”状态[130]。1994年，我国实行的分税制改革也对公共服务供给产生了重要影响，财政收入中央集权化与公共服务供给地方化之间矛盾突出。财权不充分的属地化公共服务供给模式，导致各级政府的公共服务投入和供给严重不足，大大降低了公共服务的普遍可及性，大部分贫困群体、农村居民、灵活就业人员和转移劳动力处于公共服务供给的边缘化地位，造成了城乡间、区域间、群体间比较显著的公共服务差距[130]。

3.3.1.3 2005年至今均等化高质量发展阶段

2005年的《政府工作报告》中明确提出了“建设服务型政府”的要求，并且在党的十六届五中全会上，首次明确提出了“公共服务均等化”这一概念，随后在党和国家的重要会议上，多次提到“公共服务均等化”及相应制度安排和政策措施（见表3-1）。习近平总书记在党的十九大报告中提出全新论断，我国社会主要矛盾已经转化为人民日益增长的美好生活需要和不平衡不充分的发展之间的矛盾，并且还提出要“在幼有所育、学有所教、劳有所得、病有所医、老有所养、住有所居、弱有所扶上不断取得新进展，……保证全体人民在共建共享发展中有更多获得感，不断促进人的全面发展、全体人民共同富裕”。随着发展的民生取向不断强化，中国政府逐步推动了以“基本公共服务均等化”为目标的公共服务体系建设，旨在通过社会政策体系构建、公共财政体制改革和公共服务供给机制创新，通过公共服务投入向农村、欠发达地区和弱势群体倾斜，缩小城乡间、区域间和群体间的公共服务差距，提高基本公共服务的普遍性、可及性、公平性和均等化水平，并努力平衡公共服务供给的公益与效率目标。

表 3-1　国家层面有关“基本公共服务均等化”的提法

序号	时间	会议名称	文件名称	相关提法
1	2005 年 10 月	中共十六届五中全会	《中共中央关于制定国民经济和社会发展第十一个五年规划的建议》	按照公共服务均等化原则，加大对欠发达地区的支持力度，……
2	2006 年 3 月	第十届全国人民代表大会第四次会议	《中华人民共和国国民经济和社会发展第十一个五年规划纲要》	健全扶持机制，按照公共服务均等化原则，……逐步推进基本公共服务均等化
3	2006 年 10 月	中共十六届六中全会	《中共中央关于构建社会主义和谐社会若干重大问题的决定》	完善公共财政制度，逐步实现基本公共服务均等化
4	2007 年 10 月	中共十七大	《高举中国特色社会主义伟大旗帜　为夺取全面建设小康社会新胜利而奋斗》	围绕推进基本公共服务均等化和主体功能区建设，完善公共财政体系
5	2008 年 3 月	中共十七届二中全会	《关于深化行政管理体制改革的意见》	更加注重公共服务，着力促进教育、卫生、文化等社会事业健康发展，……推进基本公共服务均等化
6	2008 年 10 月	中共十七届三中全会	《中共中央关于推进农村改革发展若干重大问题的决定》	把国家基础设施建设和社会事业发展重点放在农村，推进城乡基本公共服务均等化
7	2010 年 10 月	中共十七届五中全会	《中国共产党第十七届中央委员会第五次全体会议公报》	必须逐步完善符合国情、比较完整、覆盖城乡、可持续的基本公共服务体系，提高政府保障能力，推进基本公共服务均等化

续表

序号	时间	会议名称	文件名称	相关提法
8	2012 年 7 月	—	《国家基本公共服务体系“十二五”规划》	到 2020 年，……城乡、区域间基本公共服务差距明显缩小，争取基本实现基本公共服务均等化
9	2012 年 11 月	中共十八大	《坚定不移沿着中国特色社会主义道路前进 为全面建成小康社会而奋斗》	完善促进基本公共服务均等化和主体功能区建设的公共财政体系
10	2013 年 11 月	中共十八届三中全会	《中共中央关于全面深化改革若干重大问题的决定》	推进城乡要素平等交换和公共资源均衡配置，推进城乡基本公共服务均等化；统筹城乡基础设施建设和社区建设，推进城乡基本公共服务均等化
11	2014 年 10 月	中共十八届四中全会	《中共中央关于全面推进依法治国若干重大问题的决定》	制定公共文化服务保障法，促进基本公共文化服务标准化、均等化
12	2017 年 1 月	—	《“十三五”推进基本公共服务均等化规划》	明确建立国家基本公共服务清单制，确定 8 个领域 81 个基本公共服务项目
13	2017 年 10 月	中共十九大	《决胜全面建成小康社会 夺取新时代中国特色社会主义伟大胜利》	履行好政府再分配调节职能，加快推进基本公共服务均等化，缩小收入分配差距
14	2018 年 2 月	中共十九届三中全会	《中共中央关于深化党和国家机构改革的决定》	健全公共服务体系，推进基本公共服务均等化、普惠化、便捷化，推进城乡区域基本公共服务制度统一
15	2018 年 12 月	—	《关于建立健全基本公共服务标准体系的指导意见》	到 2035 年，基本公共服务均等化基本实现，现代化水平不断提升
16	2019 年 10 月	中共十九届四中全会	《中共中央关于坚持和完善中国特色社会主义制度 推进国家治理体系和治理能力现代化若干重大问题的决定》	完善公共服务体系，推进基本公共服务均等化、可及性
17	2021 年 3 月	十三届全国人大四次会议	《中华人民共和国国民经济和社会发展第十四个五年规划和 2035 年远景目标纲要》	“十四五”目标：……基本公共服务均等化水平明显提高，全民受教育程度不断提升，多层次社会保障体系更加健全，……

续表

序号	时间	会议名称	文件名称	相关提法
18	2021年4月	第十三届全国人民代表大会常务委员会第二十八次会议	《中华人民共和国乡村振兴促进法》	促进公共教育、医疗卫生、社会保障等资源向农村倾斜，提升乡村基本公共服务水平，推进城乡基本公共服务均等化
19	2021年8月	中央财经委员会第十次会议	—	要促进基本公共服务均等化，加大普惠性人力资本投入，完善养老和医疗保障体系、兜底救助体系、住房供应和保障体系

资料来源：作者整理。

3.3.2 义务教育发展脉络

3.3.2.1 1949—1978年义务教育基础建立阶段

新中国成立之初，全国小学在校生只有2439.1万人，学龄儿童入学率仅有20%左右[128]。1949年9月《中国人民政治协商会议共同纲领》指出要“有计划有步骤地实行普及教育”。中共中央、国务院1958年9月发布的《关于教育工作的指示》将普及教育特别是普及小学教育作为我国社会和教育发展的重要任务。在1958—1960年的“教育大革命”期间，不仅提出要普及小学教育，还提出要大力发展中等教育和高等教育，争取在15年内普及高等教育的过高目标。在20世纪70年代前半期，中央不仅十分重视普及小学教育，甚至试图普及初中教育乃至高中教育[131]。但新中国成立之初，随着医疗卫生条件的改善，人口出生率整体提升，1950—1957年历年新生儿数量都突破了2000万，1963年更是达到了3000万的峰值，对教育资源需求量猛增（见图3-1）。为实现党中央在这一时期提出的普及小学教育的目标，中央政府采取了政府统筹与发动群众办学并举的“两条腿走路”的办学方针，并重视采取多种形式办学。

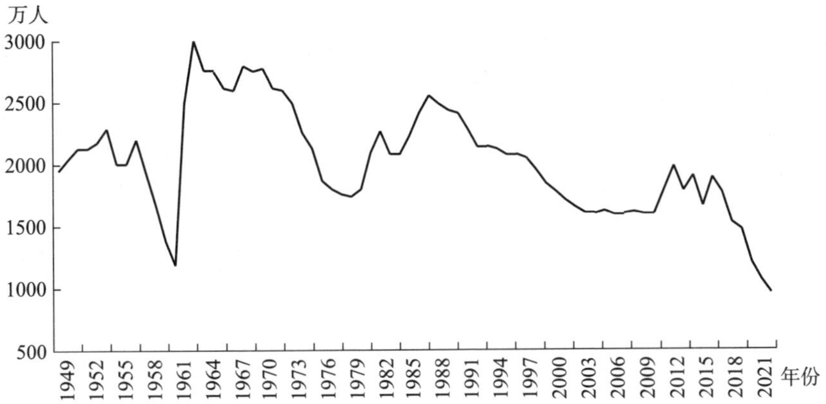

图 3-1 1949 年以来历年新生儿数量

资料来源：根据总人口和出生率计算得来，数据来自《新中国六十年统计资料汇编》《中国人口和就业统计年鉴 2022》，2022 年数据来自国家统计局官方网站。

校舍方面，一是接管和逐步改造原国民党统治区的公立学校，接收外国教会办的各类学校，接办全国各级私立学校[128]。党中央颁发的《关于争取和改造知识分子及对新区学校教育的指示》《关于保护新收复城市的指示》以及《中国人民解放军布告》等分别作出了要对新解放区学校进行改良，对“蒋伪”政府体系内的公营企业、学校、医院等加以保护的批示，由此形成了“原封原样、原封不动”，“各按系统，自上而下，原封不动，先接后分”的接管大中型城市的指导方针[132]。二是新建大量普通中小学，方便工农子女就近入学[133]。城市在工人新村配套建设中小学和幼儿园，农村则大力发展乡村学校。三是利用寺庙、宗祠、教会房屋等公共建筑或民众让出的房屋作为学校教室。在建设经费上，以公办为主、民办为辅的方式为学校提供经费及物质方面的支持[131]。当时城市的学校和农村公办中小学主要由政府投资建设和维持，厂矿企业农场、林场由本单位出资举办子弟学校。乡村民办中学小学特别是村小学主要依靠社队集体和农民的力量来办理，政府提供一定的帮助。

师资方面，一是对旧社会学校教师队伍进行思想改造，并大量招收和训练失业知识分子，将其补充到教师队伍中去[134]。二是通过开办师范院校培养大量中小学教师。当时教育部提出普及小学教育及初中教育，为满足师资需求，国家和地方大力支持师范院校建设，或者由其他类院校改建为师范类院校。截至 1965 年，农村中小学已有教职工 353.2 万人，其中专任教师达到 332.1 万人，比 1949 年增长了数十倍[135]。三是发动群众补充教师队伍。1950 年 12 月教育部文件《关于开展农民业余教育的指示》，倡导以民教民，动员一切识字的人做群众教师，1953 年 9 月《关于文化教育工作的报告》提出整顿扫除文盲工作，采用依靠群众教师的群众路线，在中央“以民教民”方针的指导下，广大乡村积极行动，选拔群众教师，建立学校[136]。由于教师队伍参差不齐，在职教师质量问题得到重视，当时很多地方建立了教师职后学习制度，举办教师业余进修学校，通过函授等方式对教师进行培训，使中小学教师的业务水平得到大幅提升[137]。

课程方面，根据教育总方针，1951 年颁布的新中国第一份学制文件《关于改革学制的决定》，对各级各类学校的地位、年限和互相衔接的关系作了新的规定，专业化教师队伍初步形成。1952 年《小学暂行规程（草案）》和《中学暂行规程（草案）》正式颁布，全面规范了我国中小学教育教学，形成了我国中小学学校课程设置的基本框架。根据这两份文件，教育部制定了新的小学、中学各科教学大纲，新中国初步建立起了新的基础教育课程体系[138]。

“文化大革命”期间，我国教育工作基本处于停滞状态，许多师范学校被迫停办、撤销，教师培养的专业性被否定[139]，1968 年教师管理体制变革把乡村公办小学改为民办[136]，严重阻碍了中小学师资队伍的建设和提升。但不可否认的是，该阶段教师队伍已初步形成[135]，为新中国教育事业的发展奠定了良好的基础。

3.3.2.2 1978—2000 年义务教育基本普及阶段

1980 年，中共中央、国务院作出《关于普及小学教育若干问题的决定》，明确提出全国在 1990 年前基本普及小学教育。截至 1984 年，全国小学学龄儿童入学率和巩固率均超过95%①，实现了党中央、国务院要求在20世纪80年代基本普及小学教育的目标。1985年，《中共中央关于教育体制改革的决定》明确要求，要有步骤地实行九年义务教育，明确提出，义务教育是适龄儿童和青少年都必须接受，国家、社会、家庭必须予以保证的国民教育，为此，需要制定义务教育法。为保证义务教育的顺利实施，1986年，九年义务教育写入了新颁布的《中华人民共和国义务教育法》。从1986年以国家立法形式确立普及义务教育制度，教育公平第一次上升为国家意志[138]。在2000年总体上实现了“普九”的目标，“普九”人口覆盖率和初中毛入学率均超过85%。

20世纪80年代，我国迎来了又一次生育高峰，新生儿数量稳定在2000万以上。而“文化大革命”时期各项事业基本停滞不前，使教育资源严重短缺，教育公共服务的供需矛盾极为突出。统计数据表明，截至1977年，全国缺额60余万名小学教师，中学教师缺额更是高达285万[140]。国家和地方都亟待提升教育资源供给。关于教育经费投入，各地以政府投入为主，多渠道筹集教育资金，义务教育经费逐年增加。中央、省、地、县逐步建立起贫困地区义务教育专项补助费，对贫困地区、少数民族地区予以倾斜，实施“国家贫困地区义务教育工程”“农村中小学危房改造工程”等，义务教育学校办学条件得到明显改善。关于师资力量，1978年,教育部颁布《关于加强和发展师范教育的意见》，鼓励大力发展师范教育，争取在3~5年内，通过有组织、有计划的教育培训使文化程度低的小学教师、初中教师、高中教师分别达到中师、师专、师范院校的毕业标准[140]。

3.3.2.3　2000年以来义务教育全面普及和巩固提高阶段

进入21世纪，国家把普及和巩固义务教育作为教育事业发展的一项战略任务，九年义务教育从基本普及转向全面普及和巩固提高阶段。该阶段

---

①　资料来源：中华人民共和国教育部网站，http：//www.moe.gov.cn/jyb_xwfb/xw_fbh/moe_2606/moe_2074/moe_2437/moe_2444/tnull_39455.html。

义务教育普及重难点在农村地区，尤其是偏远山村。2003 年 9 月，国务院召开了第一次全国农村教育工作会议，针对西部地区义务教育普及水平低、教育基础薄弱的现状，提出在西部地区集中力量打好“两基”攻坚战[141]。

自 2003 年以来，中央政府一直坚持“新增教育经费主要用于农村”的原则，运用中央专项资金保障农村义务教育经费，对西部地区农村义务教育实行经费倾斜政策，如提高农村义务教育阶段中小学公用经费基本标准，建立农村义务教育阶段中小学校舍维修改造长效机制，设定校舍维修改造所需专项资金，对中西部及东部部分地区农村中小学教师工资经费给予支持，确保农村中小学教师工资按照国家标准及时足额发放等①。中国政府于 2001 年开始对全国部分贫困地区农村中小学试行提供免费教科书，为寄宿学生提供生活补助，以减轻经济困难家庭子女接受义务教育的经济负担。国家贫困地区义务教育工程、国家贫困地区义务教育助学金、免费教科书专项经费、农村中小学教师工资专项、中小学危房改造工程、农村中小学现代远程教育工程、农村寄宿制学校教育工程等一系列重要措施保证了九年义务教育宏伟目标的实现[141]。

2007 年，党的十七大报告提出促进义务教育均衡发展，该思想首次出现在党的政治报告中；2010 年，《国家中长期教育改革和发展规划纲要（2010—2020 年）》把推动义务教育均衡发展列为重要内容，明确提出到 2020 年基本实现区域内义务教育均衡发展；2011 年，我国实现九年义务教育全面普及，确立了统筹城乡、因地制宜、分类指导、分步实施的均衡发展思路；2012 年，《国务院关于深入推进义务教育均衡发展的意见》印发，统筹部署义务教育均衡发展布局[142]。

在保障义务教育普及的基础上，教育质量也明显提升。根据国务院教育督导委员会的评估，截至 2021 年底，全国大陆地区 31 个省（区、市）和新疆生产建设兵团的 2895 个县都实现了县域义务教育基本均衡发

① 资料来源：《国务院关于深化农村义务教育经费保障机制改革的通知》，转引自中华人民共和国教育部网站，http：//www. moe. gov. cn/jyb_xxgk/moe_1777/moe_1778/tnull_27721. html。

展。《2022 年全国教育事业发展统计公报》显示，九年义务教育巩固率为 95.5%，小学阶段教育专任教师 662.94 万人，师生比 1∶16.19，专任教师中本科以上学历比例为 74.53%；初中阶段教育专任教师 402.52 万人，师生比 1∶12.72，专任教师中本科以上学历比例为 91.71%。

2000 年以来每年新生儿都在 2000 万以下，尤其最近几年，人口出生率降至 10‰以下，人口出现断崖式下降。从数据来看，近年来我国每年的新生人口基本维持在 1600 万左右，学校、教师人数及教学设备等教育体系配套能力也在 1600 万人这一范畴左右。新生人口的减少意味着对教育资源需求下降，而质量差的教育资源将率先被淘汰，因此，当前及今后阶段，促进高质量教育资源优质均衡发展是关键。

3.3.3 基本医疗卫生服务发展脉络

3.3.3.1 1949—1978 年低水平全民覆盖阶段

新中国成立伊始，缺医少药、医疗卫生条件差，传染病、寄生虫病流行肆虐，婴儿死亡率高达 200‰，国家公共卫生和医疗资源严重短缺，分配不均，农村地区医疗卫生条件极度匮乏。从中国社会主义卫生事业基本情况出发，党和政府确立了“面向工农兵、预防为主、团结中西医、卫生工作与群众运动相结合”的卫生工作方针，提出“健全基层卫生组织、发展医学教育，培养各级卫生人员，允许私人开业行医，调整医药卫生工作的公司关系及医药界团结互助学习”等决定[143]。

当时的医疗机构非常缺乏，据 1949 年统计，“全国有医院 2600 所，病床 80000 张”。而在为数不多的医院中，私立医院、教会医院数量庞大[144]。1950 年，医疗机构为 8915 个（见图 3-2），其中医院数仅 2803 个，基层医疗机构中仅有门诊，乡镇卫生院和村卫生室一片空白。1950 年全国第一届卫生工作会议上，提出了县设卫生院、区设卫生所、行政村设卫生委员、自然村设卫生员的基层卫生组织架构［后进一步调整为“公社设卫生院（医院）、生产大队设卫生所（保健站）和生产队设卫生室”的农村三级医疗保健网的组织形式]，政府一方面利用有限的资金建立区卫生所等基层卫生机构，另一方面将已有农村卫生资源整合组建联合诊所，即将散在各地农村的个体创业者，逐步组织为民办公助的区卫生所和联合诊所、乡卫生站、医药合作社。在一系列举措下，从1951年开始，私人诊所、药铺中的开业人员先后办起了中医和中西医结合等多种形式的联合诊所。截至1955年，基层医疗卫生机构中的门诊部（所）已经由1950年的3356个增至51600个①，5年内增加了15倍。同一时期在城市，通过在市、区两级设立医院，在街道设立卫生所，也初步形成了城市的三级医疗服务体系。

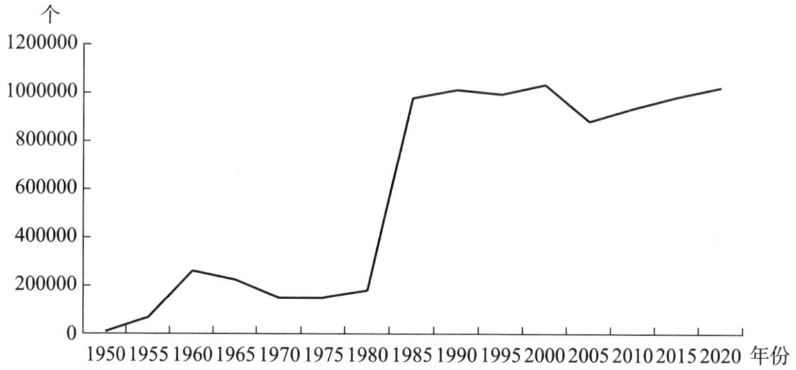

图3-2　1950年以来医疗卫生机构数量变化

注：医疗卫生机构包括医院、基层医疗卫生机构和专业卫生机构。
资料来源：《中国卫生健康统计年鉴2022》。

受过正规教育的医疗卫生人员在当时也极度缺乏，并且主要集中在城市地区。尽管在官方组织下，城市医院通过多种形式组建医疗队开展下乡巡防，但并未从根本上解决农村医疗卫生问题。据1964年的统计，在卫生技术人员分布上，高级卫生技术人员69%在城市，31%在农村，其中县以下仅占10%[145]。在经费使用上，全国卫生事业费9.3亿余元中，用于公费医疗的2.8亿余元，占30%，用于农村的2.5亿余元，占27%，其中用

① 数据来源：《中国卫生健康统计年鉴2022》。

于县以下的仅占16%。这就是说，用于830万享受公费医疗的人员的经费比用于5亿农民的还多[145]。

1965年，毛泽东号召“把医疗卫生的工作重点放到农村去”。随后，卫生部出台一系列措施，例如，将医疗卫生资源由城市向农村延伸、抽调城市卫生人员长期留在农村、大力为农村培养医药卫生人员等，卫生工作中人力、物力、财力的重点逐步放到农村，社、队两级都建立了卫生保健组织，并普及了合作医疗制度，农村的医疗卫生情况得到巨大改观。随着合作医疗的发展，中国农村还出现了“赤脚医生”队伍并逐渐发展壮大，作为合作医疗制度中农村医务人员角色的主要实施者。到1977年底，全国“赤脚医生”达到150多万名，生产队的卫生员、接生员达到390多万人。1965年农村医疗卫生机构病床数只占40%，到1975年，这个比重已提高到60%①。全国卫生经费65%以上用于农村②。

实质上，虽然这一时期党和国家为了让全体人民，尤其是占很大比例的农村居民，都能够实现无病全面预防、有病能够及时就医的目标，做了很多的工作和努力，并且消灭了当时常见的流行病，民众的一些常见病也能及时得到治疗，取得了了不起的成绩，但是由于当时资源匮乏，医疗设备、床位、技术人员等整体上处于缺乏状态，很多医疗设施都是最基础、最简单的，各种慢性病、重大疾病的医治仍然非常困难。总体说来，在全面实行改革开放之前，我国基本建立了卫生健康服务供给体系，公费医疗、劳保医疗以及农村合作医疗构成的保障体系也基本满足了不同人群的保障需求，但这种投入水平下满足的也只能是一些基本的、层次较低的医疗卫生服务需求。

3.3.3.2 1979—2008年市场化背景下改革探索阶段

该阶段医疗卫生机构数、技术人员等增长迅速，其中，医疗卫生机构数由1980年的180553个增至2008年的891480个，增长了近5倍；卫生

---

① 数据来源：《中国统计年鉴2003》。

② 数据来源：《卫生部关于全国赤脚医生工作会议的报告（摘录）》、卫生部基层卫生与妇幼保健司编《农村卫生文件汇编（1951—2000）》（2001年版）。

技术人员由2798241个增至5174478个。① 但是"看病难、看病贵"的问题依然突出，医疗体制如何适应市场化改革，国家和地方都在试图探索一条适合中国特殊国情的医改之路。1979年，卫生部为响应国家改革开放的战略决策，提出"要用经济手段管理卫生事业"，卫生事业和卫生服务由福利性定位转化为商品属性[146]。同年，卫生部、财政部、国家劳动总局联合印发《关于加强医院经济管理试点工作的通知》，将经济手段运用到医院管理中。随后，卫生部下发的《关于允许个体医生开业行医问题的请示报告》《关于加强卫生机构经济管理的意见》等政策均强调扩大医院自主经营权，促进医院管理形式多元化，集体、国有医疗机构的垄断局面被打破[147]。

随着市场化改革逐步推进，基于计划经济体制下建立起来的城乡医疗卫生公共服务体系发生剧烈变化。农村集体经济解体，基于农村集体经济的农村合作医疗失去了组织依托和资金支持，建立在合作医疗之上的"赤脚医生"也失去了生活来源，大部分大队卫生室解散或者承包给赤脚医生个人经营。从1980年到1985年，医疗机构数突飞猛进，由180553个增至978540个，其中村卫生室增加至777674个。② 1979年全国90%以上的生产大队办起了合作医疗[148]，到1989年，实行合作医疗的行政村只占全国行政村总数的4.8%，全国90%的农民沦为自费医疗群体[149]。截至20世纪90年代后期，实行农村合作医疗的村占全国行政村总数的17.7%，农村人口覆盖率在10%左右[150]，并且全国发展极不平衡，主要集中在经济较发达的沿海省市。2002年，《中共中央、国务院关于进一步加强农村卫生工作的决定》明确指出，要逐步建立以大病统筹为主的新型农村合作医疗制度，力争在2010年实现基本覆盖。国家采取"先试点、后推广"的模式，稳步推进新型农村合作医疗制度落地生根，不断探索解决农民看病就医等问题的方法，从制度上帮助农民提升抵御大病风险的能力。根据卫

① 数据来源：《中国卫生健康统计年鉴2022》。
② 数据来源：《中国卫生健康统计年鉴2022》，其中1980年村卫生室数据没有统计。

生部第三次卫生服务调查，2002 年，我国农村合作医疗制度的覆盖率为 9.5%，仍有 79.1%的农村人口没有任何医疗保险。从 2003 年开始，新型农村合作医疗在全国范围内开展试点工作，通过试点地区经验的总结，为新农合在全国的推广提供了有益的借鉴。截至 2008 年9 月，全国开展新型农村合作医疗的县（市、区）数达到 2729 个，参加新农合人口 8.14 亿，参合率为 91.5%。①

随着国有企业改革的深入，很多地方出现了下岗职工、低收入人群和城市流动人员失去医疗保障的情况。1997 年 1 月，中共中央、国务院出台《关于卫生改革与发展的决定》，提出了推进卫生改革的总要求，即在医疗领域建立城镇职工医疗保险制度，改革卫生管理体制，发展社区卫生服务，改革卫生机构运行机制等。1998 年，医改进入组织实施阶段，主要内容如下：一是在全国范围内建立覆盖全体城镇职工、社会统筹和个人账户相结合的基本医疗保险制度；二是开展医院产权改革试点；三是进一步改革卫生管理体制。2000 年 2 月，国务院办公厅转发卫生部等 8 部委《关于城镇医药卫生体制改革的指导意见》，之后又陆续出台了 13 项配套政策。2005 年 7 月，国务院发展研究中心发布《对中国医疗卫生体制改革的评价与建议》研究报告，认为中国医疗卫生体制改革“基本上是不成功的”[151]。

2006 年 9 月，中央决定成立由 11 个部委组成的医改协调小组，正式启动新一轮医药卫生体制改革。2007 年党的十七大报告中确立了“人人享有基本医疗卫生服务”的目标，并明确“坚持公共医疗卫生的公益性质”“强化政府责任和投入”“鼓励社会参与”，完整提出包括公共卫生服务体系、医疗服务体系、医疗保障体系和药品供应保障体系在内的中国特色卫生医疗体制的制度框架。2007 年下半年，国务院又启动了城镇居民基本医疗保险试点。

3.3.3.3 2008 年以来全覆盖均等化高质量发展阶段

2008 年后，中国启动了新一轮医药卫生体制改革，明确提出要把基本

---

① 数据转引自中华人民共和国国家卫生健康委员会网站，http：//www.nhc.gov.cn/mohwsb-wstjxxzx/s7967/200812/38470.shtml。

医疗卫生制度作为公共产品向全民提供，确立了人人享有基本医疗卫生服务的目标。2009年，国务院出台《医药卫生体制改革近期重点实施方案（2009—2011年）》，沿用党的十七大报告中提出的中国特色卫生医疗体制的制度框架，重点提出五项改革：一是加快推进基本医疗保障制度建设；二是初步建立国家基本药物制度；三是健全基层医疗卫生服务体系；四是促进基本公共卫生服务逐步均等化；五是推进公立医院改革试点。以上五项重点改革，旨在着力解决群众反映较多的“看病难、看病贵”问题。

2012年，党的十八大报告中再次明确了卫生健康事业发展的方向与原则。之后，新医改将建设覆盖城乡居民的公共卫生服务体系和医疗服务体系作为中国特色基本医疗卫生制度的重要内容，针对医疗卫生服务体系的改革工作重点放在了破解医疗资源结构性矛盾方面，通过扩大优质资源覆盖面，推动优质资源下沉，提高服务效率，优化服务模式，积极探索符合中国国情的分级诊疗制度。2015年我国开始在试点省份进行综合医改，决定以省为单位，探索全面、系统的改革可行性和有效性措施，促使综合医改试点向纵深推进。

2017年，党的十九大报告中首次提出“我国社会主要矛盾已经转化为人民日益增长的美好生活需要和不平衡不充分的发展之间的矛盾”。医疗卫生方面要完善国民健康政策，为人民群众提供全方位、全周期健康服务。2019年7月15日，国务院印发《关于实施健康中国行动的意见》，制定印发《健康中国行动（2019—2030年）》。同时，国务院办公厅印发《健康中国行动组织实施和考核方案》，提出建立健全组织架构，依托全国爱国卫生运动委员会，成立健康中国行动推进委员会，医疗改革进入全面深化阶段。

2022年，党的二十大报告指出，“高质量发展是全面建设社会主义现代化国家的首要任务”“推动健康中国建设，把保障人民健康放在优先发展的战略位置”“人民健康是民族昌盛和国家强盛的重要标志”。2023年5月，卫生健康委、国家中医药局印发《全面提升医疗质量行动计划（2023—2025年）》，提出28条工作任务，旨在进一步优化医疗资源配置和服务均衡性，提升重大疾病诊疗能力和医疗质量安全水平，持续改善人民群众对医疗服务的满意度。

这一时期，我国的医疗卫生改革的核心是解决“看病难、看病贵”的问题，通过建立分级诊疗制度、加强基层医疗卫生机构投入等多项举措，致力于建立和完善多层次医疗保障体系，提供全方位、全周期的健康服务，为“健康中国”的真正实现提供制度保障。

3.3.4　基本社会保障发展脉络

3.3.4.1　1949—1978 年以劳动保险为主的社会保障雏形阶段

1949 年通过的《中国人民政治协商会议共同纲领》提出“逐步实行劳动保险制度”[152]。1951 年，《中华人民共和国劳动保险条例》正式颁布实施，对职工的医疗、生育、养老、病假、伤残、死亡等待遇都作了相关规定，奠定了我国社保保险制度的基础，解决了新中国初期职工的生活保障，是新中国第一部内容完整的社会保险法规。这一时期社会保障仍然具有明显的城乡二元结构特征，农村的社会保障完全不同于城市，集体经济在农村社会保障上发挥更多作用，其主要创举是农村合作社公积金、公益金制度，合作医疗以及针对农村无依靠人群的五保户供养制度[153]。

养老保险方面。1955 年，国务院发布《国家机关工作人员退休处理暂行办法》，实际上是将城镇养老制度分为企业职工养老保险和机关事业单位养老保险，二者在养老基金来源、退休待遇等方面都有显著区别。1958 年，国务院发布《关于工人、职员退休处理的暂行规定（草案）》，写明该暂行规定适用于国营企业与机关事业单位所有员工，表明分立的养老保险制度又统一了起来。但是，两个群体分属两套资金体系，在本质上仍属双轨养老体系。新中国成立初期，我国没有建立专门针对农村与农民的社会养老制度，但从宪法到各专项法规均有规定要建立针对农村特殊人群的国家救济体系[154]。1954 年颁布的《中华人民共和国宪法》，针对年老、疾病等特殊公民规定有获得物质帮助的权利，其中包括在农村年老、疾病或者丧失劳动能力的公民。1953 年，中央人民政府内务部制定《农村灾荒救济粮款发放使用办法》，将农村中的孤老残幼等人群定为一等救济户，在粮食救济方面给予优待。1956 年 1 月中共中央发布的《一九五六年到一九六七年全国农业发展纲要》规定，农业合作社应当统一筹划照顾鳏寡孤独者，保障其吃穿、子女教育和死葬等问题。1956 年 6 月 30 日，第一届全国人民代表大会第三次会议通过《高级农业生产合作社示范章程》，确立“五保户供养制度”，即针对鳏寡孤独者采取保吃、保穿、保医、保住、保葬的制度。由此，“五保户供养制度”成为国家建立农村养老保险金的最初形式，也逐渐成为国家在广大农村地区长期推行的一项政策[154]。随着“五保户供养制度”的发展，国家提出建立农村养老院。这一制度“兜底”农村最缺乏保障群体的基本生活，至 1958 年已涉及 413 万余农户约 519 万人，同时建立敬老院 15 万多所，300 余万老人得到了集中供养[155]。

医疗保险方面。在城市，实行以保障国家机关工作人员的公费医疗和保障国营企业员工的劳保医疗为主的医疗保险制度，国家和单位大包大揽。在农村，赤脚医生、合作医疗、农村三级医疗预防保健网构成我国农村医疗卫生工作的“三大法宝”，在经济社会发展十分落后的情况下，基本解决了亿万农民基本的就医看病问题①。

失业保险方面。新中国成立初期，生产建设还未完全恢复，旧社会遗留下的很多问题亟待解决，其中就包括失业问题。当时采取的是失业救济制度，可视为失业保险制度的雏形。1950 年 6 月，中央劳动部公布《救济失业工人暂行办法》，揭开了全面解决城市失业问题的序幕。在 1950 年至 1952 年的“三年恢复时期”，党和人民政府制发了多项重要政策文件，采取了一系列措施，努力控制和减少失业[156]。例如，对在官僚资本企业供职的人员采取了包下来的政策；对个体手工业者，通过组织加入合作社，使其工作和生活得到保障；对失业的文化、教育、艺术人员进行登记，帮助他们就业；在农村逐步完成土地改革，实现“耕者有其田”，引导农民

① 由于医疗保障和公共卫生医疗关系密切，有关医疗保障方面的内容已在本章 3.3.3 部分进行了阐述，此处不再赘述。

走上互助合作道路，使得农村劳动力就业稳定[157]。经过不懈努力，到1952年底，全国失业人数减少到377万人，随着城镇就业人数倍增，失业率降至13.2%；到1957年末，失业人数进一步减少到200万人，失业率降至5.9%，基本归于正常。1956年5月，国务院决定停止征收失业救济基金，相关工作由劳动部门移交给民政部门管理，纳入社会救济[156]。1957年，在当时的理论和政策指导下，失业被认为已在中国大陆境内消失，故停止执行失业救济，失业救济制度从此被搁置。此后近30年，失业保险都被排除在社会保障体系之外[152]。

工伤保险方面。1951年的《中华人民共和国劳动保险条例》对职工因公伤残后的补偿和休养康复等作出了规定，在当时的历史条件下，对保护劳动者权益和维护社会稳定发挥了重要作用[158]。1953年发布的《劳动保险条例若干修正的决定》以及《劳动保险条例实施细则修正草案》，在扩大实施范围的基础上，进一步细化了“因工负伤、残废、死亡待遇”的相关规定，并涉及安装辅助器具，开办疗养院、休养所等一些康复性质的工作[159]。1957年，卫生部将因职业活动有关的疾病纳入工伤补偿的范围。1957—1966年，国家相继颁布了法规政策，对于工伤保险的范围和待遇作出详细的规范及调整[152]。

总之，计划经济体制下的社会保障制度，对稳定社会、发展经济发挥了积极作用，是计划经济的产物[160]。“文化大革命”期间，我国社会保障也遭到破坏并停滞，很多部门处于瘫痪状态，新中国成立后建立的各种社会保障法律法规和政策文件实际上被废止，很多社会保障工作基本无章可循。

3.3.4.2 1978—2012年以社会保险为主的社会保障制度改革阶段

计划经济体制下，国有企业和机关事业单位的社会保障费用最终由国家负担，广大农民的社保由农民自身依托集体来负担。1978年之后，随着国有企业改革的深化，企业成为自主经营、自负盈亏的经济组织，以人民公社为代表的农村集体经济生产方式也逐渐瓦解。和国有企业改革、经济体制转轨相适应，该阶段重点是围绕社会主义市场经济体制，探索建立由国家、单位和个人共同负担的社会保障制度体系。

（1）1978—1992 年初步探索阶段

该阶段重点围绕国有企业改革迫切要求的养老保险制度、医疗保险制度进行改革，并推动建立失业保险及其他社会保障制度。1984 年，党的十二届三中全会通过的《中共中央关于经济体制改革的决定》，阐明了加快以城市为重点的整个经济体制改革的必要性、紧迫性，规定了改革的方向、性质、任务和各项基本方针政策。

关于养老保障，长期以来实行的“企业自保”模式难以为继，当时许多地方相继出现一些老企业，甚至整个行业拖欠职工工资、拖欠退休人员退休费，职工和退休人员的医疗费长期得不到报销等情况[160]。鉴于此，职工养老由“企业保险”向“社会保险”转变，自 1986 年起，我国首先进行县、市一级的养老保险费社会统筹，逐步建立城镇企业职工基本养老保险费社会统筹，养老保险费的缴纳开始由企业单方承担向多方负担转变。

关于医疗保障，1984 年 4 月，原卫生部和财政部联合发出《关于进一步加强公费医疗管理的通知》，提出要积极慎重地改革公费医疗制度，探索建立医疗保险社会统筹及“大病医疗统筹”。我国对改革公费医疗与劳保医疗进行了探索，就医疗保险引入个人分担费用机制与医疗费用社会统筹进行了一系列的试点工作。

关于失业保障，1986 年 7 月，国务院颁布《国营企业职工待业保险暂行规定》，适用范围主要包括宣告破产企业的职工、濒临破产企业法定整顿期间被精减的职工、企业终止解除劳动合同的工人和企业辞退的职工四类人员，我国失业保险制度由此建立。1986—1992 年是我国待业保险制度的形成和初步运行时期，这一时期失业保险范围不断扩大，统筹层次不断提高，促进了再就业机制初步形成，为以后的制度运行打下了坚实的基础[161]。

关于工伤保险，从 1978 年到 20 世纪 80 年代末期，国务院相继发布了《矿山安全条例》《矿山安全监察条例》《锅炉压力容器安全监察暂行条例》《企业职工伤亡事故报告和处理规定》，原劳动部设立了相关机构，建立社会化的工伤保险制度逐步启动。

1986年3月，第六届全国人民代表大会第四次会议通过了《中华人民共和国国民经济和社会发展第七个五年计划》，首次明确了构建社会保险、社会福利、社会救济与优抚组成的社会保障制度框架的设想。1990年12月，第七届全国人民代表大会常务委员会第十七次会议通过了《中华人民共和国残疾人权益保障法》，以法律条文的形式明确了残疾人享有的康复、教育、劳动就业、文化生活、社会福利等权益。

（2）1992—2002年制度框架搭建阶段

该阶段重点围绕养老、医疗、失业保险和城镇居民最低生活保障开展工作。随着改革的逐步深化，我国社会保障制度建设开始进入一个体制和制度创新的阶段，初步确立了涵括社会保险、社会福利、社会救助、优抚安置和社会互助等多项内容的比较完整的社会保障体系。其中，社会保险处于核心地位，社会福利位居最高层次，社会救助属于最低层次，优抚安置和社会互助则发挥着社会稳定的特殊效应[152]。1993年，党的十四届三中全会通过的《中共中央关于建立社会主义市场经济体制若干问题的决定》，将建立多层次的社会保障体系作为社会主义市场经济体制框架的五大支柱之一，提出“实行社会统筹与个人账户相结合”“社会保险行政管理和社会保险基金经营要分开”。

关于养老保障，1997年，《国务院关于建立统一的企业职工基本养老保险制度的决定》发布，根据过去几年的试点经验，正式建立了统一的企业职工基本养老保险制度。2000年，国务院发布了《关于城镇社会保障体系改革的试点意见》，于2001年首先在辽宁省进行试点，从2004年开始，试点范围扩大到吉林和黑龙江两省。20世纪80—90年代，农村社会养老保险制度基本陷入停滞状态。2002年11月，党的十六大报告提出在有条件的地方探索建立农村社会养老保险制度，对农村社会养老保险制度的探索被再次提上议程。

关于医疗保障，1994年3月，国务院批准《关于职工医疗制度改革的试点意见》，首先在江苏省镇江市、江西省九江市进行医疗保险统账结合的试点，随后试点范围扩大到58个城市。1998年12月，在充分试点的基础上，国务院出台了《关于建立城镇职工基本医疗保险制度的决定》，这是我国医疗保险制度改革历程中重要的一步。同时，国家配套推进医药卫生体制改革，强化医疗服务管理以保证制度的顺利实施与稳定运行。到2000年前后，全国多数地区都组织实施了医疗保险制度的改革，医疗保险新制度在全国基本建立[152]。在这一阶段，农村合作医疗制度也在不断恢复与重建。2002年10月，中共中央、国务院作出《关于进一步加强农村卫生工作的决定》，决定建立农村卫生服务体系和新型农村合作医疗制度，重点应对农民因病致贫、因病返贫问题。

关于失业保险，1993年4月，国务院颁布了《国有企业职工待业保险规定》，其适用范围从原来的四类人员扩大到七类九种人员，即撤销和解散企业的职工，停产整顿企业被精减的职工，企业辞退、除名或开除的职工，宣告破产企业的职工，濒临破产企业法定整顿期间被精减的职工，依照法律、法规规定或按照省、自治区、直辖市人民政府规定享受失业保险的其他职工，通过建立下岗职工基本生活保障制度、失业保险制度、城镇居民最低生活保障制度，即“三条保障线”来保障下岗、失业职工的基本生活，使失业保险制度向前迈出了一大步。1999年1月，国务院颁布《失业保险条例》，首次在法规上明确将待业保险正名为失业保险，继续扩大失业保险覆盖范围，将一些企事业单位纳入失业保险规则中，并完善了失业保险的程序，规范了失业保险待遇制度。1999年8月，原劳动和社会保障部、财政部、原人事部联合发布《关于事业单位参加失业保险有关问题的通知》，正式将事业单位纳入失业保险的范畴。1997年9月，国务院下发《关于在全国建立城市居民最低生活保障制度的通知》，以及国务院在1999年9月颁布的《城市居民最低生活保障条例》，都标志着城市低保制度上升到法治规范的层面[162]。

关于工伤保险，1994年，工伤保险与养老保险、医疗保险等一起载入了《中华人民共和国劳动法》。1993年全国有500个市县开展了工伤保险改革，参加工伤保险的职工1104万人，1994年增加到794个市县1822万人，1995年增加到1103个市县2615万人[158]。1996年8月，原劳动部颁布了《企业职工工伤保险试行办法》，明确了我国工伤社会保险制度的原则和框架，奠定了我国适应市场经济要求的工伤保险制度的基础，即实行工伤保险社会统筹，变“企业保险”为社会保险，扩大了工伤保险的覆盖范围，由以往劳动保险制度“全民企业执行、集体企业参照”扩大到了各类企业、有雇工的个体工商户等用人单位及其全体职工[163]。

社会救济方面，1993 年 5 月，上海市发布《关于本市城镇居民最低生活保障线的通知》，率先建立城市居民最低生活保障制度，由此开启了我国城市社会救济制度的改革。1994 年 5 月，民政部在总结上海市改革思路和做法的基础上，提出“要逐步建立城镇最低生活保障制度，将按当地的低保标准对城镇救济对象进行救助”，并首先确定东部沿海地区为城镇低保制度的试点地区，在地方作为民政工作重点实施。1997 年 9 月，国务院下发了《关于在各地建立城市居民最低生活保障制度的通知》，首次规范了保障对象、保障标准和保障资金等方面的问题，标志着城市最低生活保障制度进入制度化的新阶段[164]。1996 年，民政部印发了《关于加快农村社会保障体系建设的意见》和《农村社会保障体系建设指导方案》，开始在全国进行农村居民最低生活保障制度的试点工作，农村最低生活保障制度才得以稳步发展[165]。

（3）2002—2012 年城乡统筹建设阶段

党的十六大报告将“社会保障体系比较健全”作为全面建设小康社会的重要内容，明确要求建立健全同经济发展水平相适应的社会保障体系。党的十七大报告明确将“覆盖城乡居民的社会保障体系基本建立、人人享有基本生活保障”作为 2020 年实现全面建成小康社会的奋斗目标之一。在实际工作中，社会保障体系建设从长期以来作为国有企业改革的配套措施，进入以政府基本公共服务均等化为主线的全面建设阶段，覆盖面扩大到城乡居民[160]，注重统筹城乡发展和促进社会公平正义。

养老保障方面，2005 年 12 月，国务院下发《关于完善企业职工基本养老保险制度的决定》，明确了扩大职工基本养老保险覆盖率的要求，以非公有制企业、城镇个体工商户和灵活就业人员参保为重点，将城镇各类企业、个体工商户和灵活就业人员纳入覆盖范围。2009 年 9 月，国务院出台《关于开展新型农村社会养老保险试点的指导意见》，决定在全国 10% 的县（市、区、旗）开展新型农村社会养老保险试点，标志着全国新农保试点工作正式启动。2011 年 6 月，国务院下发《关于开展城镇居民社会养老保险试点的指导意见》，决定在全国逐步推行城镇居民养老保险。在制度设计层面，基本实现了养老保险城乡居民全覆盖。

医疗保障方面，从 2003 年开始，原劳动和社会保障部相继出台一系列政策，旨在将城镇基本医疗保险由国有、集体企业，进一步覆盖到灵活就业人员、混合所有制企业和非公有制经济组织从业人员以及农村进城务工人员，并将与城镇用人单位建立劳动关系的农民工也纳入医疗保险范围。同时，在农村开始试点建立个人、集体和政府多方筹资、以大病统筹为主的新型农村合作医疗制度，并建立农村医疗救助制度。2006 年，原卫生部等七部门联合下发《关于加快推进新型农村合作医疗试点工作的通知》，扩大新型农村合作医疗试点，并要求在 2010 年实现新型农村合作医疗制度基本覆盖农村居民的目标。2007 年 7 月，国务院发布《关于开展城镇居民基本医疗保险试点的指导意见》，标志着在制度层面上，实现了人人“病有所医”的全覆盖。

失业保险方面，重点是发挥失业保险制度促进再就业的功能，完善促进就业与失业保险联动的机制，提高就业服务质量[160]。为了应对城乡新成长劳动力、农村富余劳动力、下岗失业人员“三碰头”的严峻形势，党中央和国务院 2002 年 9 月召开再就业工作会议，之后下发《中共中央　国务院关于进一步做好下岗失业人员再就业工作的通知》，推出一系列促进就业再就业的政策，确立了中国积极就业政策的基本框架。2008 年底国际金融危机爆发，中央果断出台一系列重大应对举措，包括 2009—2010 年允许受危机冲击严重的困难企业缓缴失业保险费，地方政府可阶段性降低失业保险费率，允许失业保险基金结余较多的地区使用基金为困难企业稳定岗位支付社会保险补贴和岗位补贴。平稳度过危机后，扩大失业保险基金支出范围成为一个新的政策工具，2012 年在部分地区试点探索失业保险基金与财政就业补助资金合力促进就业的资金使用模式[156]。

工伤保险方面，2003 年国务院颁布《工伤保险条例》，工伤保险进入法治化阶段。数据显示，《工伤保险条例》颁布后的 10 年间，参保人数增长了 3.3 倍，基金收入增长 15.5 倍，基金支出增长 19.3 倍，极大地保障了广大职工的工伤保险权益，分散了用人单位的工伤事故风险[166]。2004 年相继发布了《关于农民工参加工伤保险有关问题的通知》《关于铁路企业参加工伤保险有关问题的通知》和《关于进一步推进矿山等高风险企业参加工伤保险工作的通知》；2005 年发布了《关于做好煤矿企业参加工伤保险有关问题的通知》；2006 年发布了《关于做好建筑施工企业农民工参加工伤保险有关问题的通知》；等等，工伤保险覆盖范围进一步扩大，各类性质的组织、单位绝大多数都覆盖到工伤保险制度[167]。2010 年第十一届全国人民代表大会通过了《中华人民共和国社会保险法》，进一步以国家法律的形式对工伤保险作了明确规定，极大地提高了其立法层次，全面维护了劳动者包括工伤保险在内的权益。此外，针对工伤保险实施过程中出现的新问题，《国务院关于修改〈工伤保险条例〉的决定》于 2011 年 1 月 1 日起正式实施[168]，初步构建了“工伤预防、补偿、康复”“三位一体”的制度体系。

社会救助方面，2007 年 7 月，国务院颁布了《关于在全国建立农村最低生活保障制度的通知》，对农村低保的目标和总体要求、低保标准、对象范围、管理方式、资金保障等内容进行了详细规定，农村低保制度进入全面实施的新阶段[169]，也标志着覆盖城乡的最低生活保障制度得以建立。2003 年之后，随着低保制度的逐步发展完善，贫困群体在住房、医疗和教育等方面的困难日益凸显。针对此，民政部大力推动住房救助、医疗救助和教育救助等专项救助制度的建立和发展，逐步构建以低保制度为核心的社会救助体系，以帮助贫困群体解除多方面的生活困境。

综上，这一阶段，在党和国家的努力下，以社会保险、社会救助、社会福利为重点的中国社会保障体系架构基本建立，以基本养老、基本医疗、最低生活保障制度为重点，商业保险为补充的覆盖城乡居民的社会保障体系建设取得了重大进展。但是，由于各个时期根据不同群体分类设立的社会保障制度存在差异，不同群体之间的法定社会保障水平存在不平衡，导致管理方式衔接不够顺畅。如城镇企业职工与机关事业单位职工的基本养老保障水平差距较大，又如为城乡居民建立了养老和医疗保险制度，但在制度设计上仍然采用城乡分离的做法，尤其是城乡居民医疗保险制度由不同部门管理，与城乡统筹发展的要求还存在一定的距离[160]。

3.3.4.3 2012 年以来以建设高质量社会保障体系为目标的全面深化改革阶段

2012 年，党的十八大提出，“要坚持全覆盖、保基本、多层次、可持续方针，以增强公平性、适应流动性、保证可持续性为重点，全面建成覆盖城乡居民的社会保障体系”。2017 年，党的十九大报告指出，“新时代我国社会主要矛盾是人民日益增长的美好生活需要和不平衡不充分的发展之间的矛盾，必须坚持以人民为中心的发展思想，不断促进人的全面发展、全体人民共同富裕”，并提出了社会保障体系建设的总体要求——“兜底线、织密网、建机制”，“全面建成覆盖全民、城乡统筹、权责清晰、保障适度、可持续的多层次社会保障体系”，进一步明确了社会保障体系建设的目标。

养老保险方面，2014 年初，国务院颁布了《关于建立统一的城乡居民基本养老保险制度的意见》，现行新型农村社会养老保险制度与城镇居民社会养老保险制度合并实施，在全国范围内建立统一的城乡居民基本养老保险制度。2015 年 1 月，国务院发布《关于机关事业单位工作人员养老保险制度改革的决定》，规定从 2014 年 10 月 1 日起，建立与城镇企业职工基本一致的机关事业单位养老保险制度，从制度上破除了职工养老保障“双轨制”。同时为适应人力资源流动性需要，出台了职工基本养老保险跨省转移接续办法和城乡居民养老保险关系转移接续办法，有力地促进了劳动力全国范围内的合理流动，保障了广大城乡参保人员的权益[160]。

医疗保险方面，2016 年 1 月，国务院下发《关于整合城乡居民基本医疗保险制度的意见》，在全国范围内统一部署和启动城镇居民基本医疗保险和新型农村合作医疗制度的合并工作，建立统一的城乡居民基本医疗保险，覆盖除职工基本医疗保险应参保人员以外的其他所有城乡居民，以统一覆盖范围、统一筹资政策、统一保障待遇、统一医保目录、统一定点管理、统一基金管理的“六统一”为整合原则。2012 年 8 月，国家发展改革委、原卫生部、财政部、人力资源社会保障部、民政部、原保监会六部委发布《关于开展城乡居民大病保险工作的指导意见》，明确针对城镇居民医保、新农合参保（合）人员大病负担重的情况，引入市场机制，建立大病保险制度，减轻城乡居民的大病负担，要求大病医保报销比例不低于50%。2015 年7 月,国务院办公厅发布《关于全面实施城乡居民大病保险的意见》，标志着大病保险制度在全国建立。2017 年 1 月，国务院办公厅印发《生育保险和职工基本医疗保险合并实施试点方案》并于 2019 年开始全面实施。

失业保险方面，2014 年以后，配合供给侧结构性改革，对未裁员或裁员率低于统筹地区城镇登记失业率的企业，实行“援企稳岗”政策；2017 年，围绕实施国家技能强国战略，对参保超过 3 年并取得各级职业资格证书或技术等级证书的企业职工给予“技能提升补贴”。面对中美贸易摩擦对就业局势的影响，2019 年进一步强化政策支持，对面临暂时性生产经营困难且恢复有望、坚持不裁员或少裁员的参保企业，按参保职工人数和当地人均失业保险金标准返还 6 个月的失业保险费，或按企业及其职工缴纳社保费 6 个月的 50%返还；把技术技能提升补贴的申领条件从缴纳失业保险费 3 年放宽到 1 年[156]。

工伤保险方面，在《工伤保险条例》修订完善的基础上，更多细则逐渐出台，增强了政策的可操作性。2013 年，《职业病诊断与鉴定管理办法》出台，进一步完善了职业病的防范与治疗程序。2017 年，人力资源社会保障部、财政部、卫生健康委和原国家安全生产监督管理总局 4 部门联合出台了《工伤预防费使用管理暂行办法》，明确了工伤预防费的支出比例和使用程序，有针对性、主动地为企业开展预防工伤事故与职业危害的服务工作，从而降低工伤事故和职业病的发生[158]。2017年8月，人力资源社会保障部印发《关于工伤保险待遇调整和确定机制的指导意见》，对授权地方确定和调整工伤保险待遇作出了统一规范，明确工伤保险待遇原则上每两年至少调整一次，使工伤保险待遇调整和待遇确定有了统一遵循，更好地保障了工伤职工及其亲属的基本生活[166]。

社会救助方面，制度衔接和综合帮扶受到了高度重视。2014年，国务院颁布了《社会救助暂行办法》，构建了综合性的社会救助体系，结束了社会救助领域立法的碎片化状态，是中华人民共和国成立以来第一部统筹和规范各项社会救助制度的行政法规[169]。2015年，国务院发布《关于加快推进残疾人社会保障制度建设的意见》，明确提出要建立困难残疾人生活补贴和重度残疾人护理补贴制度，解决残疾人生活和长期照护支出问题。2016年，民政部、原国务院扶贫办发布了《关于做好农村最低生活保障制度与扶贫开发政策有效衔接指导意见的通知》，2017年又发布了《关于进一步加强农村最低生活保障制度与扶贫开发政策有效衔接的通知》，要求做好农村低保和扶贫开发的衔接；2019年民政部发布的《关于进一步加强生活困难下岗失业人员基本生活保障工作的通知》明确要求，进一步加强相关制度衔接，为困难群体提供综合性帮扶，包括“加强最低生活保障、临时救助与其他社会救助制度以及失业、医疗等保险制度的衔接，积极配合相关部门做好生活困难下岗失业人员家庭医疗、教育、住房、就业等专项救助工作”“进一步完善最低生活保障与就业联动机制”“要加强临时救助与下岗失业人员临时生活补助的衔接”，并且，为积极应对人口老龄化挑战，自2016年起，探索建立长期护理保险制度；2018年修订后的《老年人权益保障法》提出鼓励地方建立80周岁以上低收入老年人高龄津贴制度[170]。

纵观新中国成立以来社会保障发展历程，我国社会保障制度实现了根本转型，全新的体系框架基本建立，形成了以国家立法实施的社会保险、社会救助、社会福利、优抚安置为基础，以城乡基本养老、基本医疗、最低生活保障制度为重点，以慈善事业、商业保险为补充的多层次社会保障体系。但是，社会保障的公平性仍有待提高，多层次社会保障体系亟待健全，特别是老龄人口增加、就业形式多样化、经济转型等对我国社会保障提出新挑战[160]。

3.3.5　基础设施发展脉络

3.3.5.1　交通

新中国成立之后，我国交通运输发展大概经历了五个阶段，如图 3-3 所示。

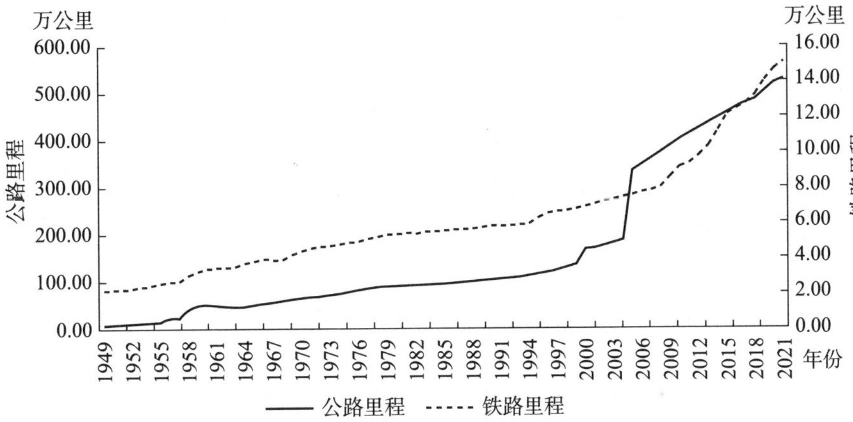

图 3-3　1949 年以来中国公路和铁路里程

资料来源：国家统计局。

（1）1949—1977 年缓慢发展阶段

新中国成立之初，交通运输面貌十分落后。全国铁路总里程仅 2.18 万公里，有一半处于瘫痪状态；能通车的公路仅 8.08 万公里，民用汽车 5.1 万辆；内河航道处于自然状态；民航航线只有 12 条；邮政服务网点较少。主要运输工具还是畜力车和木帆船等。至 1977 年，公路里程仅 85.56 万公里，铁路里程 5.06 万公里。

（2）1978—1991 年瓶颈制约阶段

中国改革开放伊始，外部环境发生改变，经济增长成为国家首要任务，交通运输成为恢复国民经济正常秩序优先发展的重点行业之一。1981—1985 年，原交通部提出了“谁建、谁用、谁受益”的原则，提倡和鼓励货主单位自建码头，港口建设速度得以加快。中国在铁路、民航、港口、内河水运等领域的管理体制改革方面取得突破，在鼓励外商投资、民用机场收费以及铁路、水运运价调整等方面政策创新。但是，由于历史欠账过多，加之政策惯性、思维习惯和路径依赖等，受传统观念禁锢较深，思想解放不够彻底、发展思路依然不够开阔，交通运输对国民经济的“瓶颈”制约凸显[171]。该阶段，国家财政虽有所缓解，但需要投资建设的领域非常广泛，公路和铁路里程增长缓慢，14 年间分别增加了 18.55 万公里和 0.72 万公里。

（3）1992—2003 年市场化改革阶段

1992 年邓小平发表南方谈话后，国家确定建立社会主义市场经济体制方针。针对交通运输领域缺乏总体设计、改革深度和广度不够等问题，中国交通运输市场化步伐加快，进入快速发展通道。1998—2003 年既是我国经济在波折中调整的时期，也是交通市场化改革的推进探索阶段[171]。12 年间公路里程增加 76.87 万公里，铁路里程增加 1.52 万公里。

（4）2004—2013 年快速发展阶段

这 10 年是中国经济发展的“黄金十年”，也是中国交通发展的一个重要时期。交通运输各领域基础设施投资成为拉动经济增长的重要途径，政府法治建设逐步推进，大批交通法规、条例出台，交通运输市场逐步规范。中国交通运输充分利用各项有利政策，以调整结构、转变发展方式为主线，使交通运输服务保障能力得到大幅提升。2008 年，作为国家大部制改革组建机构之一的交通运输部正式对外挂牌。与以往传统的交通运输系统相比，综合交通运输具有更优的经济效益和社会效益，更能适应目前经济多样化、国际化、信息化、网络化和稳定发展的新要求[171]。这一时期，中国高速铁路也呈现高速发展态势。2008 年，中国开始大力发展高速铁路，政府投资大量资金加速高速铁路建设。2010 年，全国高速铁路的运营里程达到了 8358 公里，成功超越了世界上其他任何一个国家。2011 年，中国的高速铁路运行速度达到了350公里/小时。10年间，我国公路里程增加了254.64万公里，平均每年增加超过25万公里。铁路里程也增加了3.01万公里。

（5）2014年至今交通强国建设阶段

2014年全国交通工作会议将中国交通运输政策基调定为由“交通大国”迈向“交通强国”。2017年交通强国战略被列入党的十九大报告，2019年中共中央、国务院印发了《交通强国建设纲要》，开启中国交通强国建设新征程。2014年以来，我国交通建设取得的成就有目共睹。截至2022年底，全国铁路营运里程达到15.5万公里，其中高铁4.2万公里，高速铁路网基本覆盖全国主要城市。全国公路里程达到535.48万公里，其中，高速公路里程17.73万公里，占比3.3%；农村公路里程453.14万公里，其中县道里程69.96万公里、乡道里程124.32万公里、村道里程258.86万公里①。

3.3.5.2 城市市政公用设施

市政公用设施范畴较广，泛指由国家或各种公益部门建设管理、为社会生活和生产提供基本服务的行业和设施，包括城市供水、供气、供热、公共交通等城市公用事业，城市道路、排水、污水处理、防洪、照明等市政工程，城市市容、公共场所和公共厕所保洁、垃圾和粪便清运处理等市容环境卫生事业，城市园林、绿化等园林绿化业。城市市政公用设施是城市发展的基础，是保障城市可持续发展的关键性措施。新中国成立后，我国城市市政公用设施建设大概经历了四个阶段[172]。

（1）缓慢发展阶段（1949—1977年）

新中国成立后，在相当长一段时间里，政府推行的是积极推进工业化，相对抑制城市化的方针，一度还确立了“将消费型城市转变为生产型城市”的方针，限制城市人口，一度忽视城市建设，没有市政公用设施建

① 数据来源：《2022年交通运输行业发展统计公报》，转引自中华人民共和国交通运输部网站，https：//xxgk.mot.gov.cn/2020/jigou/zhghs/202306/t20230615_3847023.html。

设的专项资金筹集，建设投资比重低，投入少，基础设施发展比较缓慢。

（2）公用企业经营方式改革探索阶段（1978—1992 年）

由于前一阶段欠账太多，城市建设远滞后于工业化进程。这一阶段，公用设施供给规模亟待增加，行业改革主要集中在如何改革企业经营方式、提高效益上，市政设施建设和政府管理模式没有根本性改变。一方面，公用企业在内部用工制度、人事制度和分配制度等方面进行了广泛的探索和实践，以内部承包责任制为主的经营方式全面展开，企业内部激励和约束机制初步形成。另一方面，城市市政设施建设虽然主要由国家主办，但也逐步在引入竞争机制，在统一规划、统一管理下，动员地方、部门和集体经济力量兴办。国家积极引导和鼓励企业、集体、个人和外商投资建设市政公用设施。

（3）现代企业制度经营管理探索阶段（1993—2000 年）

1993 年，《公司法》出台后，一批公用企业按照《公司法》的要求初步实现了改组和改制，成立了国有独资的有限责任公司。这一时期，公用事业服务价格改革的逐步到位，吸引了大量外资进入公用事业的经营和管理中来。虽然公用企业在积极探索现代经营机制，但总体管理体制上没有实质性的变化，产权关系仍然不够清晰，政企未能完全分开，机制没有完全创新，只在经营上减少了一些政府部门的干预，在一定程度上激发了企业加强经营管理的积极性，与建立现代企业制度还有较大的差距。

（4）市场化改革全面实施阶段（2001 年至今）

2001 年，原国家计委颁布的《关于促进和引导民间投资的若干意见》中明确提出，鼓励和引导民间投资以独资、合作、联营、参股、特许经营等方式，参与经营性的基础设施和公益事业项目建设。这在政策上全面开放了城市市政公用基础设施市场，为市政公用事业全方位市场化改革提供了保障。2003 年 10 月，党的十六届三中全会通过的《中共中央关于完善社会主义市场经济体制若干问题的决定》强调，要“放宽市场准入，允许非公有资本进入法律法规未禁止的基础设施、公用事业及其他行业和领域”，第一次把“打破垄断，开放市场，推进市政公用行业市场化”写进了党的决定。2004 年原建设部颁布了《市政公用事业特许经营办法》，并印发了《城市供水、管道燃气、城市生活垃圾处理特许经营示范文本》。2005 年，《国务院关于鼓励支持和引导个体私营等非公有制经济发展的若干意见》（“非公 36 条”）中支持非公有资本积极参与市政公用事业和基础设施的投资、建设和运营，鼓励非公有制企业参与市政公用企业、事业单位的产权制度和经营方式改革。这一系列政策的出台，极大地激发了非公有资本投资公用事业的积极性。非公有资本参与公用事业建设从政策放开之前的“零敲碎打”发展到“全面出击”，涉足了交通、水、电、气、道路、园林绿化、垃圾处理等全部市政公用领域。这一阶段，产权交易逐步规范，通过公开招标的方式选择投资者和经营者，特许经营制度正逐步建立和完善。截至 2021 年，我国城市供水普及率和燃气普及率都达到 98%以上（见图 3-4）。

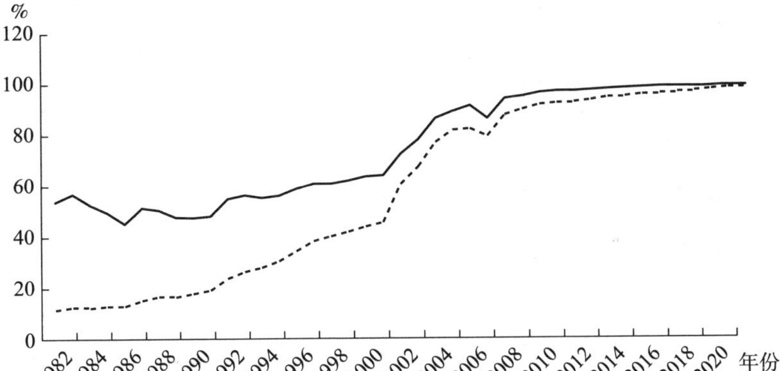

图 3-4 1981 年以来我国城市供水和燃气普及率变化

注：自 2006 年起，普及率指标按城区人口和城区暂住人口合计为分母计算，以公安部门的户籍统计和暂住人口统计为准。

资料来源：《中国城乡建设统计年鉴 2020》。

3.3.5.3 农村基础设施

同城市相比，由于地域空间的广泛性和人口的分散分布，农村基础设施历来是发展的短板，需要更多投资。20 世纪末，农村生产性基础设施建设严重不足，农业生产效率低下，农村经济发展迟缓。农村服务性基础设施也滞后于经济发展需要，道路不通畅，医疗条件差，教育水平低，极大地影响了农民的生产、生活，严重阻碍了我国经济的发展。在党和国家的支持和倡导下，随着乡村振兴战略和城乡一体化、城乡融合发展战略的实施，逐步加大了农村基础设施建设投入力度，经过70多年的发展，农村基础设施建设有了很大改善。纵观70多年来农村基础设施发展变化，大致可以划分为三个阶段。

（1）1949—1978年缓慢发展时期

该阶段大部分设施及公共服务由村民组织承担，以满足农村居民基础性需求为重点。新中国成立初期，国家发展重心是推动城市工业建设和经济发展，农村地区的资源很大一部分用来支持城市建设和工业发展，农村地区基础设施及公共服务供给明显不足。20世纪50年代末，在人民公社和生产大跃进推动下，农村基础设施有了很大程度的改善，除公路、大型水利设施等跨区域公共基础设施由省、市政府提供外，其他设施几乎全部由公社及其下属队承担，许多公社还积极兴办公共食堂、幼儿园、养老院等集体福利事业[173]，为解决农村居民生产生活需求提供了基础保障。但由于城市偏向性的国家发展战略，该时期农村基础设施和公共服务水平低下，可持续性不足，发展非常缓慢。

（2）1979—2007年快速发展时期

改革开放以后，随着经济社会的快速发展，党和国家高度重视“三农”问题，逐步把农村基础设施和公共服务建设提升至新的历史高度，这一时期可以说是农村基础设施建设的快速发展期，建设重点更多在于满足农村居民发展性需求。1982—1986年，中央连续5年发布一号文件，对农业农村改革发展作出部署，为农村基础设施建设提供了重要制度保障。1992年我国社会主义市场经济体制开始确立，为农村基础设施建设注入新活力。在此期间，国家大规模开展农村电网改造工程，村村通公路、村村通电话、村村通宽带、村村通有线电视等系列“村村通”工程全面展开，农村生产生活条件得到明显改善。2004—2007年的中央一号文件连续提出要加强农村基础设施建设、推动农村人居环境改善，并创新完善管理体制和运营机制等。截至2007年，乡村用水普及率达到44.7%，集中供水行政村占比达到43.2%，通公交车或客运班车行政村占比达到49%，主要道路硬化行政村占比达到57%，对生活污水进行处理的行政村占比为2.6%，有生活垃圾收集点的行政村占比达到26.8%，对生活垃圾进行处理的行政村占比为10.1%①。农村基础设施和公共服务与城市相比仍然存在较大差距。

（3）2008年至今城乡一体化发展阶段

城乡基础设施一体化是城乡一体化发展的重要标志，也是消除城乡基本公共服务差距，促进城乡基本公共服务均等化的重要手段。党的十七大报告明确提出，要建立以工促农、以城带乡长效机制，形成城乡经济社会发展一体化新格局。随后的中央一号文件中多次强调农村基础设施建设的重要作用，并多次提出要促进基础设施和公共服务城乡一体化发展。2008年中央一号文件提出要逐步实现城乡基础设施共建共享，形成城乡基础设施一体化新格局；2010年中央一号文件强调要强化农村水、电、路、气、房建设并改善农村人居环境；2011年中央一号文件更是将水利发展提升至新的战略高度。2012年党的十八大报告提出，要“坚持把国家基础设施建设和社会事业发展重点放在农村”“加快完善城乡发展一体化机制体制，着力在城乡规划、基础设施、公共服务等方面推进一体化”，对推动城乡发展一体化作出了重要部署。2013—2016年的中央一号文件对道路、供水、运输等城乡一体化发展进行了具体安排。党的十八大以来，各地区各部门加快补齐农村基础设施、公共服务短板，农村硬件建设突飞猛进。2017年党的十九大报告提出要“实施乡村振兴战略”，加强基础设施建设和公共服务供给成为乡村振兴要解决的重点问题，随后的中央一号文件涉及的农村基础设施项目不断丰富，对农村基础设施提档升级进行了全面的支持。2022年党的二十大报告再次对推进乡村振兴作出了深刻论述和全面部署，提出“要扎实推动乡村产业、人才、文化、生态、组织振兴”，乡

① 数据来源：《中国城乡建设统计年鉴2007年》。

村振兴全面推进，并逐步探索教育、医疗、养老等公共服务城乡一体化发展模式。截至 2021 年底，全国农村集中供水的行政村比例达到 83.64%，用水普及率也由 2008 年的 47.36%提升至 85.33%①；全国农村普惠性幼儿园覆盖率达到 90.6%，有卫生院的乡镇占全国乡镇总数超过 90%②。

2008 年以来中央一号文件有关城乡基础设施一体化发展的表述见表 3-2。

表 3-2　2008 年以来中央一号文件有关城乡基础设施一体化发展的表述

年份	文件名	具体内容
2008	《关于切实加强农业基础建设进一步促进农业发展农民增收的若干意见》	提出“城乡基础设施一体化”“逐步实现城乡基础设施共建共享”“突出抓好农业基础设施建设”
2009	《关于 2009 年促进农业稳定发展农民持续增收的若干意见》	“加快农村基础设施建设”“推进城乡经济社会发展一体化”
2010	《关于加大统筹城乡发展力度进一步夯实农业农村发展基础的若干意见》	“突出强化农业农村的基础设施”“推进城乡客运交通一体化”“缩小城乡公共事业发展差距”
2011	《关于加快水利改革发展的决定》	“发展城乡一体化供水”“把水利作为国家基础设施建设的优先领域，把农田水利作为农村基础设施建设的重点任务”
2012	《关于加快推进农业科技创新持续增强农产品供给保障能力的若干意见》	“加快完善覆盖城乡的农产品流通网络”“发展连通城乡市场的双向流通网络”“促进城乡文化一体化发展”“缩小城乡文化发展差距”
2013	《关于加快发展现代农业进一步增强农村发展活力的若干意见》	“改进农村公共服务机制，积极推进城乡公共资源均衡配置”“大力推动社会事业发展和基础设施建设向农村倾斜”“加快实现城乡基本公共服务均等化”“加强农村基础设施建设”
2014	《关于全面深化农村改革加快推进农业现代化的若干意见》	“加快农村互联网基础设施建设”“推进城乡道路客运一体化”“推进城乡基本公共服务均等化”
2015	《关于加大改革创新力度加快农业现代化建设的若干意见》	“加快提升农村基础设施水平，推进城乡基本公共服务均等化”“推进城镇供水管网向农村延伸”“继续实施农村电网改造升级工程”

① 数据来源：《中国城乡建设统计年鉴 2021 年》《中国城乡建设统计年鉴 2008 年》。
② 数据来源：人民网，http：//opinion. people. com. cn/n1/2022/1229/c223228-32596179. html。

续表

年份	文件名	具体内容
2016	《关于落实发展新理念加快农业现代化实现全面小康目标的若干意见》	“促进城乡基础设施互联互通、共建共享”“创造条件推进城乡客运一体化”“促进城乡公共资源均衡配置”“稳步提高城乡基本公共服务均等化水平”
2017	《关于深入推进农业供给侧结构性改革　加快培育农业农村发展新动能的若干意见》	“积极推进城乡交通运输一体化”“农产品产地预冷等冷链物流基础设施网络建设”“拓宽农业农村基础设施投融资渠道”“加大地方政府债券支持农村基础设施建设力度”
2018	《关于实施乡村振兴战略的意见》	“推动农村基础设施提档升级”“加快农村公路、供水、供气、环保、电网、物流、信息、广播电视等基础设施建设，推动城乡基础设施互联互通”“要加快推进城镇基础设施和公共服务向农村延伸”
2019	《关于坚持农业农村优先发展做好“三农”工作的若干意见》	“实施村庄基础设施建设工程”“提升农村公共服务水平”“加快推进城乡基本公共服务均等化”“推进城乡基本公共服务标准统一、制度并轨”
2020	《关于抓好“三农”领域重点工作确保如期实现全面小康的意见》	“对标全面建成小康社会加快补齐农村基础设施和公共服务短板”“推进城乡供水一体化”
2021	《关于全面推进乡村振兴加快农业农村现代化的意见》	“继续把公共基础设施建设的重点放在农村，着力推进往村覆盖、往户延伸”“支持农村及偏远地区信息通信基础设施建设”“建立城乡公共资源均衡配置机制”“支持建设城乡学校共同体”
2022	《关于做好 2022 年全面推进乡村振兴重点工作的意见》	“编制村庄公共基础设施管护责任清单”“扎实开展重点领域农村基础设施建设”“加强农村信息基础设施建设”“扎实推进城乡学校共同体建设”
2023	《关于做好 2023 年全面推进乡村振兴重点工作的意见》	“持续加强乡村基础设施建设”“落实村庄公共基础设施管护责任”“发展城乡学校共同体、紧密型医疗卫生共同体、养老服务联合体”

资料来源：作者根据历年中央一号文件整理而得。

4

中国城乡基本公共服务总体概况

4.1 义务教育总体概况

随着城镇化进程的快速推进，乡村人口比例减少，城乡教育基本公共服务的设施、投入和师资力量都存在明显差异。从学校数量来看，1990—2000年，城区和镇区小学学校数量呈增加趋势，11年间城区小学增加了5589所，镇区小学增加了38905所，而乡村小学则减少了256944所（见图4-1），但是小学教学点三者都有所增加（见表4-1）。2001年，国务院出台《关于基本教育改革与发展的决定》，要求地方政府“因地制宜调整农村义务教育学校布局”。此项政策出台后，不仅乡村小学和教学点大幅减少，城区、镇区小学及教学点也明显减少。2000年，我国乡村小学为440284所，到2010年则只有210894所，11年间减少了52.1%，乡村教学点也减少了58.5%。同时，镇区小学减少了62.9%，城区小学减少了49.0%，两者所有的教学点减幅都在90%以上。“撤点并校”虽然有利于整合优化师资力量、基础设施、教学设备等教育资源，提高教育质量，但是增加了学生上学距离，尤其是边远乡村地区学生分布较为分散，学生上学路程较远，加重了部分农民的教育负担。一些农村地区，农民为子女教育进城购房或租房，间接成了农民城镇化的主要动因。“撤点并校”与村庄的“空心化”几乎是一个“同步”过程，随着农村居民及学生的加速外流，基本教育资源进一步集中到城镇，村庄的教育功能逐渐丧失，城乡的教育质量差距进一步扩大。随着城镇化发展和农村人口的减少，“撤点并校”的政策导向是正确的，但是在推进过程中存在撤并过快、过急，不该撤并的地区撤并了，而一些学校还没有及时适应和调整撤并之后的资源配置，如寄宿配套、校车配给、校舍扩建等，使得推行过程中凸显出许多问题。从 2011 年开始，除乡村小学继续减少外，城区和镇区小学以及各类教学点均呈增加趋势，截至 2020 年底，城区和镇区小学分别增加了 78.1% 和 41.7%，乡村小学则减少了 59.2%，学校数量在城、镇、乡村之间的变化趋势和该阶段快速城镇化进程是相对应的。同时，根据《中国教育统计年鉴 2020》提供的数据，将小学分城区、镇区、乡村三类地区进行统计，采用在校小学生数和学校数（包括教学点）两项指标进行计算，发现城区、镇区、乡村平均每所学校在校小学生数分别为 1364 人、780 人、148 人，可见从学校学生规模来讲，城区>镇区>乡村。

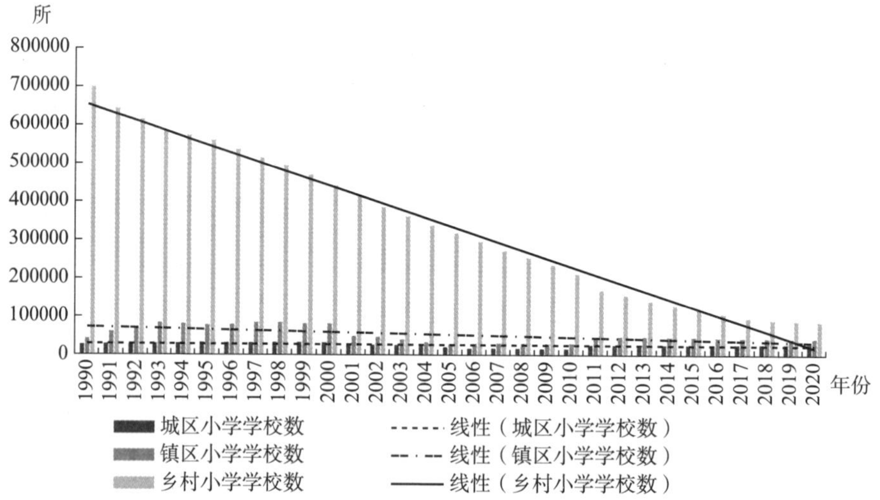

图 4-1　1990—2020 年城乡小学学校数量变化情况

资料来源：历年《中国教育统计年鉴》。

表 4-1　1990—2020 年小学教学点数量变化情况

年份	1990	1995	2000	2005	2010	2015	2020
城区小学教学点数（个）	2735	5464	5453	416	205	1521	1601
镇区小学教学点数（个）	4616	11817	15088	1190	1289	9696	9501
乡村小学教学点数（个）	142313	193614	157519	92894	65447	81818	79193

资料来源：历年《中国教育统计年鉴》。

从师生比来看，采用每万名在校学生拥有专任教师数来衡量，发现每万名小学生拥有专任教师数城区和镇区基本保持稳定，乡村则整体上呈现急剧上升趋势（见图4-2）；每万名初中生拥有专任教师数城区、镇区和乡村整体上呈现增加趋势（见表4-2）。2006年，乡村每万名小学生拥有专任教师数超过城区和镇区，在乡村小学专任教师持续减少的情况下，师生比仍然有较快上升，说明乡村学生数量减少更为迅速，乡村学生流失严重。每万名初中生拥有专任教师数自2011年出现了较快增加趋势，随后缓慢下降。虽然师生比增加较快，但是从数据来看，镇区初中在校生数基本保持稳定，2011—2020年仅下降了3个百分点，城区和镇区则变化较大，其中城区初中在校生数增加了32.5%，乡村则减少了45.2%，呈现初中生源由乡村向城区集中的趋势。同样，在该时间段内，城区和镇区小学在校学生数分别增加了61.2%和25.1%，乡村则减少了39.7%。同小学相比，初中生源更倾向于向城市集中，小学生源则主要流向城镇。从小学生在城区、镇区和乡村之间的分布及变化情况来看，目前主要存在如下问题：①乡村师生比高，但优秀教师和优质生源急剧减少。乡村教育发展的虹吸式逻辑使得乡村学校优秀教师大量流失、优质生源急剧减少，进一步影响乡村教育质量水平的整体提升[174]。②城镇教育资源也存在供给不足问题，大班额现象普遍存在，学校数量、师资投入等教育基本公共服务供给仍然滞后于教育需求。在城镇化向前推进的情况下，乡村人口包括乡村适龄人口继续向城镇集中，而城镇存在教育资源供需不匹配即需求大于供给状况，同时乡村教育质量不高，教育资源滞后于城镇的现象仍然存在，如何分配教育资源就需要统筹考虑。③农村学生居住过于分散，导致学校比较分散。由上文分析可知，乡村平均每所小学规模仅为148人，这一“地广人稀”的状态是农村教学规模小的主要原因之一，也是乡村师生比高的原因之一。

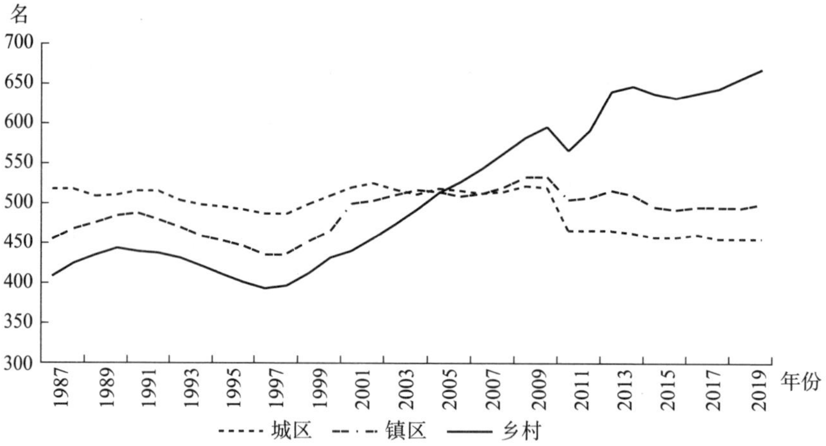

图 4-2　1987—2019 年每万名小学生拥有专任教师数变化情况

资料来源：根据历年《中国教育统计年鉴》提供的学生数和教师数计算得来。

表 4-2　2011—2020 年每万名初中生拥有专任教师数变化情况　　单位：名

年份	2011	2012	2013	2014	2015	2016	2017	2018	2019	2020
城区	691	709	732	747	772	780	779	766	762	767
镇区	679	725	776	787	793	791	785	769	765	777
乡村	737	802	898	915	918	911	893	869	858	872

资料来源：根据历年《中国教育统计年鉴》提供的学生数和教师数计算得来。

从教师学历情况来看，由于数据局限性，只收集到 2003—2019 年分城镇和乡村的初中教师学历情况，采用本科以上学历占比进行分析，发现两者之间的差距整体呈缩小趋势，2003 年城镇初中教师本科以上学历占比高出农村 17.53 个百分点，随后略有升高，自 2009 年开始逐年下降，至 2019 年两者差距仅 6.79 个百分点（见图 4-3），并且，无论城镇还是乡村，教师本科以上学历占比均达 80%以上，说明乡村初中教师整体素质呈现提高趋势。最新修正的《中华人民共和国教师法》明确提出，取得中小学教师资格，应当具备高等学校师范专业本科或者其他相关专业本科毕业及其以上学历，并获得相应学位。也就是说，今后新入职的中小学教师都应该本科及以上学历，而随着之前老教师退休等，中小学教师整体学历水平将逐渐提升，尤其大中城市的中小学，已经是研究生及以上学历。

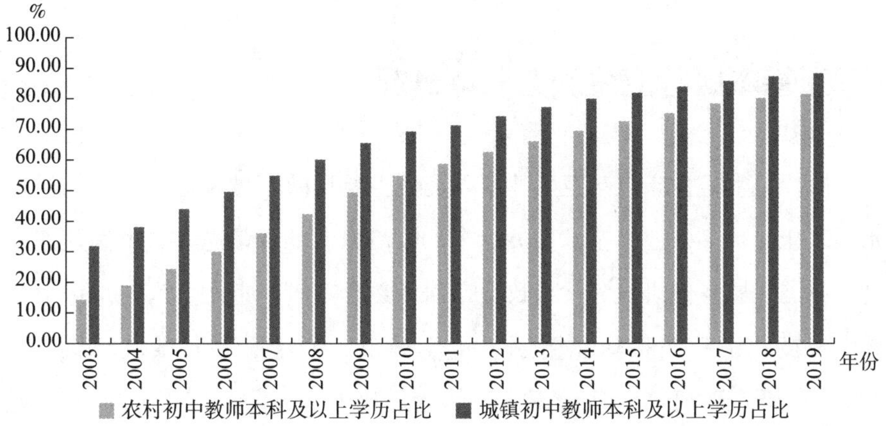

图 4-3　2003—2019 年城乡初中教师本科及以上学历占比情况

资料来源：根据历年《中国教育统计年鉴》提供的各学历教师数量，经过计算后得出。

从生均预算内财政支出来看，无论是小学生还是初中生，生均预算内财政支出城乡之间的相对差距整体呈逐渐缩小的趋势，但绝对差距仍然较大（见图 4-4）。1996—2016 年，除 2001 年、2004 年、2015 年等个别年份外，农村小学生均预算内财政支出增速均高于城镇，但 2016—2019 年的增速则均小于城镇。初中生均预算内财政支出大部分年份农村增速都高于城镇，但自 2015 年以来城镇生均支出又呈现高于农村的趋势。从绝对差距来看，城乡之间小学生均预算内财政支出由 1996 年的 164. 41 元增至 2019 年的 669. 93 元，初中则由 253. 70 元增至 1644. 84 元。

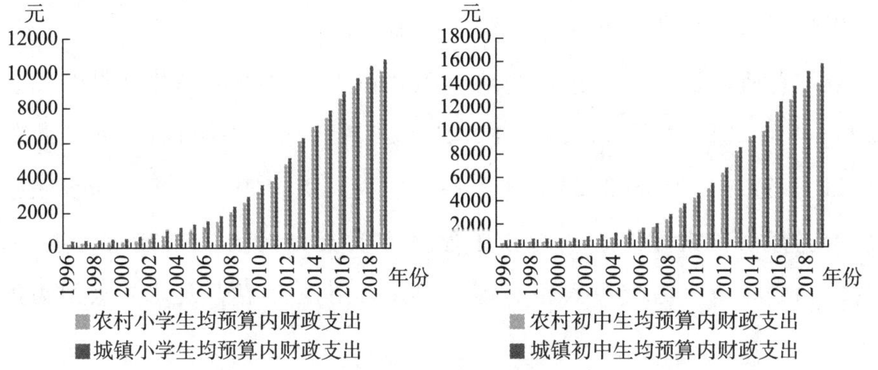

图 4-4　1996—2019 年城乡中小学生生均预算内财政支出情况

资料来源：历年《中国教育经费统计年鉴》，其中，城镇生均教育经费支出由地方生均教育支出、地方农村生均教育支出以及农村和城镇学生数等数据换算得来。

4.2 基本医疗卫生服务总体概况

医疗卫生机构床位与卫生技术人员数主要反映了城乡医疗服务的质量水平。床位越多，卫生技术人员越多，收治患者的数量越多，就医效率越高。我国在城乡健康投资投入数量方面依然存在较大差距，农村地区卫生技术人员和医疗机构床位数明显少于城市，医疗资源向城市倾斜[175]。2020年，我国每千人口医疗卫生机构床位数为6.46张①。《2019国际统计年鉴》数据显示，高收入国家每千人口病床数为4.1张。虽然我国医院每千人口医疗卫生机构床位数已超过高收入国家标准，但是该指标在城乡之间的差异仍然较大（见表4-3）。城乡比从2002年的2.41降至2019年的1.83，但绝对差距，即二者之间的差值从1.99增至3.97，并且这一差距在2015年和2017年达到了4.56的高峰值。每千人口卫生技术人员数对农村医疗质量有重要影响，卫生技术人员越多，能够诊断的农村居民就越多，看病时间越短[175]。该项指标的城乡比由2003年的2.21增至2019年的2.24，并且在2015年达到最高值2.62，该项指标在城乡之间的绝对差距增加特别明显，由2.65增至6.14，其中在2017年更是达到了6.59。每千人口执业医师数也反映了医疗卫生人才队伍水平，从数据来看，城市和农村每千人口执业医师数均有所增长，城乡比和绝对差距整体上均呈增加趋势，城乡比由2003年的2.14增至2019年的2.62，二者的绝对差距也由2003年的1.11增至2019年的3.23，城乡差异加大。综合来看，我国城乡医疗质量仍存在较大差距，政府在医疗服务投资方面还是以城市为重心，县城和乡村地区医疗投入相对不足，并且对医疗卫生人才的吸引力度不足。

---

① 数据来源：2020年我国卫生健康事业发展统计公报［EB/OL］. http：//www.nhc.gov.cn/cms-search/xxgk/getManuscriptXxgk.htm？id=af8a9c98453c4d9593e07895ae0493c8.

表 4-3 2002—2020 年城乡基本医疗服务差异情况

年份	每千人口医疗床位数（张）		每千人口卫生技术人员数（人）		每千人口执业医师数（人）	
	农村	城市	农村	城市	农村	城市
2002	1.41	3.40	—	—	—	—
2003	1.41	3.42	2.19	4.84	0.97	2.08
2004	1.42	3.57	2.16	4.93	0.95	2.12
2005	1.43	3.59	2.15	4.99	0.96	2.14
2006	1.49	3.69	2.17	5.14	0.96	2.20
2007	1.58	3.80	2.14	5.35	0.93	2.22
2008	1.75	4.05	2.21	5.58	0.94	2.28
2009	1.93	4.31	2.46	6.03	1.10	2.47
2010	2.44	5.33	3.04	7.62	1.32	2.97
2011	2.80	6.24	3.19	7.90	1.33	3.00
2012	3.11	6.88	3.41	8.55	1.40	3.19
2013	3.35	7.36	3.64	9.18	1.48	3.39
2014	3.54	7.84	3.77	9.70	1.51	3.54
2015	3.71	8.27	3.90	10.20	1.60	3.70
2016	3.91	8.41	4.08	10.42	1.59	3.92
2017	4.19	8.75	4.28	10.87	1.68	3.97
2018	4.56	8.70	4.63	10.91	1.82	4.01
2019	4.81	8.78	4.96	11.10	1.99	5.22
2020	4.95	8.81	5.18	11.46	2.06	4.25

注：自 2005 年起城市指直辖市区和地级市辖区，农村指县及县级市，乡镇卫生院及村卫生室。之前年份的城乡分别指市和县。

资料来源：历年《中国卫生健康统计年鉴》。

4.3 基本社会保障总体概况

由于历史和现实的诸多原因，我国社会保障资源主要集中于城镇，在城镇实行的社会保障项目较多，在农村实行的社会保障项目较少，并且同样的社会保障项目，城镇的保障标准明显高于农村，而且这种差异不仅仅是生活成本和物价水平的差异[176]。从低保支出水平来看，虽然农村和城镇均呈现增加趋势，但是两者的绝对差距在逐渐拉大，2006 年城镇最低生活保障支出水平高出农村 723 元/人·年，这一数额至 2019 年则增加到 2610 元/人·年（见图 4-5）。2014 年，国务院印发《关于建立统一的城乡居民基本养老保险制度的意见》，全国城乡居民基础养老金从一开始的 55 元，2015 年调整为 70 元，2018 年上调为 88 元，2020 年调整为 93 元，虽然中央和地方财政对城乡居民有一定的补助，但数额仍然较小，与城镇职工的水平相去甚远。国务院于 2016 年印发《关于整合城乡居民基本医疗保险制度的意见》，就整合城镇居民基本医疗保险和新型农村合作医疗两项制度，建立统一的城乡居民基本医疗保险制度提出明确要求。2019 年，城乡居民医保已经在全国范围内实现制度整合[177]，但是，由管理部门分割、信息系统不统一导致的重复参保以及财政补贴制度造成的户籍地参保等，城乡居民基本医疗保险仍未实现全民覆盖[178]。

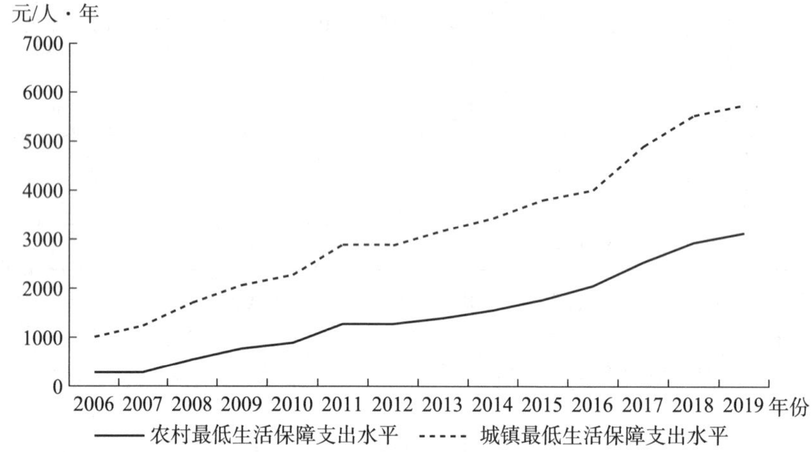

图 4-5　2006—2019 年我国城乡最低生活保障支出水平变化

资料来源：历年《中国民政统计年鉴》。

4.4　基础设施总体概况

近年来，农村基础设施建设取得了长足进步，电力、能源、通信、农村道路、饮水安全和垃圾处理等保障水平大幅提升，但是城乡之间基础设施差异仍然较大。其中，2020 年集中供水的行政村占整个行政村的比例为 82.48%，乡驻地集中供水普及率虽然一路攀升，已达到 83.85%，但是同城市接近 100%的状况相比仍然有所不足；并且仅有 34.87%的乡驻地对污水进行集中处理；燃气普及率则差距更大，农村仅为 30%左右，城市燃气普及率已经接近 98%（见图 4-6）。这同基础设施性质有关，农村由于地域广阔，各种基础设施管道敷设投资成本大、建设周期长，加之气源、水源等因素，导致该类基础设施建设相对滞后。相对而言，农村道路建设状况较好，目前农村人均道路面积高于城市，达到 20.16 平方米，而城市人均道路面积为 17.36 平方米。

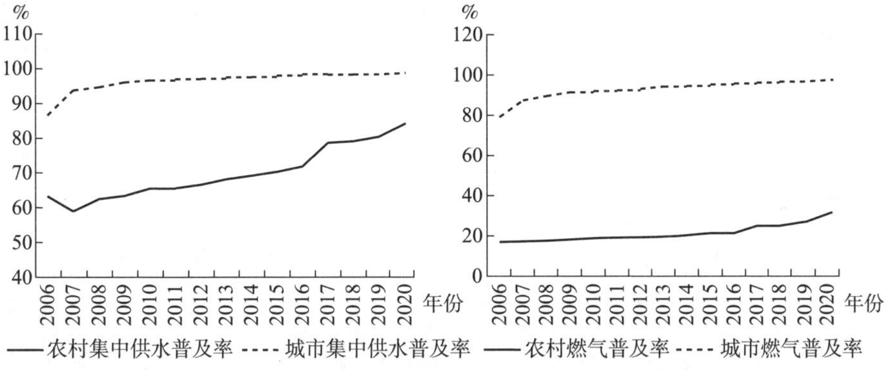

图 4-6　2006—2020 年城乡集中供水和燃气普及率变化情况

资料来源：历年《中国城乡建设统计年鉴》，城市为市辖区数据，农村为乡驻地数据。

5

中国城乡基本公共服务水平评价

5.1 指标、数据与方法

5.1.1 指标构建与数据来源

《国家基本公共服务标准（2021年版）》从“幼有所育、学有所教、劳有所得、病有所医、老有所养、住有所居、弱有所扶及优军服务保障、文体服务保障”九个方面给出了22项基本公共服务内容。《“十四五”公共服务规划》也从上述九个方面给出了23项指标。本章在上述文件指导下，遵循可得性、公共性、清晰性等原则，主要从基本公共服务设施投入效果入手，结合现有文献研究基础，从基本教育服务、医疗卫生、社会保障、基础设施四个方面设置一级指标，每个一级指标下设若干二级指标，构建测度指标体系，反映城市和乡村的基本公共服务水平。城市和乡村基本公共服务指标体系见表5-1。

表5-1 城市和乡村基本公共服务指标体系

评价目标	一级指标	二级指标	单位
城市基本公共服务	基本教育服务	每万名小学生拥有教师数（U1）	人
		每万名初中生拥有教师数（U2）	人
		普通小学生均预算内财政支出（U3）	元
		初中生均预算内财政支出（U4）	元
		小学教师本科及以上学历占比（U5）	%
		初中教师本科及以上学历占比（U6）	%

续表

评价目标	一级指标	二级指标	单位
城市基本公共服务	医疗卫生	每千人口医疗卫生机构床位数(U7)	张
		每千人口卫生技术人员数(U8)	人
		每千人口执业(助理)医师数(U9)	人
	社会保障	最低生活保障金人均支出(U10)	元/年
		居民人均转移性收入(U11)	元
	基础设施	供水普及率(U12)	%
		燃气普及率(U13)	%
		人均道路面积(U14)	平方米
		人均公园绿地面积(U15)	平方米
农村基本公共服务	基本教育服务	每万名小学生拥有教师数(R1)	人
		每万名初中生拥有教师数(R2)	人
		普通小学生均预算内财政支出(R3)	元
		初中生均预算内财政支出(R4)	元
		小学教师本科及以上学历占比(R5)	%
		初中教师本科及以上学历占比(R6)	%
	医疗卫生	每千人口医疗卫生机构床位数(R7)	张
		每千人口卫生技术人员数(R8)	人
		每千人口执业(助理)医师数(R9)	人
	社会保障	最低生活保障金人均支出(R10)	元/年
		居民人均转移性收入(R11)	元
	基础设施	供水普及率(R12)	%
		燃气普及率(R13)	%
		人均道路面积(R14)	平方米
		人均公园绿地面积(R15)	平方米

(1)每万名小学生拥有教师数(U1、R1)

该指标由生师比换算得来。根据教育部印发的《中国教育监测与评价统计指标体系(2020年版)》，生师比指某学年内某级教育中每位专任教师平均所教的学生数。生师比可用于反映教师数量充足程度，经常用作教育质量的替代指标。生师比越高，表明每位教师平均所教的学生越多；相反，生师比越低，表明每位教师平均所教的学生越少，教师有更多的精力去关注每一名学生，有助于取得更好的教育效果。为便于分析，将此换算为正向指标，采用每万名小学生拥有教师数来表征。本研究用到的数据均来自历年《中国教育统计年鉴》，其中，2009 年及之前的数据是按城市、县镇、农村分类的，将城市和县镇加总表示城市，农村即指农村；2010 年及之后的数据是按城区、城乡接合区、镇区、镇乡接合区、乡村分类的，根据研究需要及便于比较，将城区和镇区加总表示城市，乡村表示农村。《中国教育统计年鉴》中并未直接提供该指标相应数据，本研究根据专任教师总数与在校学生数计算得来。

(2)每万名初中生拥有教师数(U2、R2)

具体参见每万名小学生拥有教师数，在此也换算为正向指标，即每万名初中生拥有教师数越多，则教师更有精力顾及每一名学生，取得的教学效果也更好。关于数据来源及其计算方法同“每万名小学生拥有教师数”。

(3)普通小学生均预算内财政支出(U3、R3)

采用“生均教育经费支出”衡量，包括教育事业费支出和基本建设支出，即在一定地区范围内，按照当地的经济发展水平和教育发展实际，由政府制定的财政年度预算的依据，同时也是当地财政部门按照当地计划内在读学生数额，向相关教育部门拨款的依据。数据来自历年《中国教育经费统计年鉴》，其中，城镇生均教育经费支出由地方生均教育支出、地方农村生均教育支出以及农村和城镇学生数等数据换算得来。

(4)初中生均预算内财政支出(U4、R4)

具体参见“普通小学生均预算内财政支出”。

(5)小学教师本科及以上学历占比(U5、R5)

正向指标，教师队伍中本科及以上学历占比越高，说明教师总体水平越高，有助于提高教育质量。根据历年《中国教育统计年鉴》提供的各学历教师数量，经过计算后得到本科及以上学历占比。城乡划分参见“每万名小学生拥有教师数”。

(6)初中教师本科及以上学历占比(U6、R6)

指标说明及数据来源同“小学教师本科及以上学历占比”。

(7)每千人口医疗卫生机构床位数(U7、R7)

根据《中国卫生健康统计年鉴》，床位数指年底固定实有床位，包括正规床、简易床、监护床、正在消毒和修理床位、因扩建或大修而停用的床位，不包括产科新生儿床、接产室待产床、库存床、观察床、临时加床和患者家属陪侍床。每千人口医疗卫生机构床位数即医疗卫生机构床位数/人口数×1000。数据均来自历年《中国卫生健康统计年鉴》，其中，2009 年及之前数据按市、县分组，市包括直辖市区、地级市辖区和郊区、县级市内的全部卫生机构及其床位，县包括直辖市和地级市辖县内的全部卫生机构及其床位。2010 年数据开始按城市、农村分组，城市包括直辖市区和地级市辖区，农村包括县及县级市，乡镇卫生院及村卫生室计入农村。2011 年及之前人口数系公安部户籍人口，2012 年及之后人口数系国家统计局常住人口。考虑目前我国农村对县和县级市医疗资源获得较为容易，并且新型农村合作医疗基本到县一级，所以本研究有关医疗资源的城乡划分与《中国卫生健康统计年鉴》中的界定保持一致。

(8)每千人口卫生技术人员数(U8、R8)

根据《中国卫生健康统计年鉴》，卫生技术人员包括执业医师、执业助理医师、注册护士、药师(士)、检验技师(士)、影像技师(士)、卫生监督员和见习医(药、护、技)师(士)等卫生专业人员，不包括从事管理工作的卫生技术人员。每千人口卫生技术人员数即卫生技术人员数/人口数×1000。2011 年及之前人口数系公安部户籍人口，2012 年及之后人口数系国家统计局常住人口。关于医疗资源城乡划分见“每千人口医疗卫生机构床位数”。

(9)每千人口执业(助理)医师数(U9、R9)

根据《中国卫生健康统计年鉴》，执业(助理)医师包括执业医师和执业助理医师。执业医师指《医师执业证》“级别”为“执业医师”且实际从事医疗、预防保健工作的人员，不包括实际从事管理工作的执业医师。执业助理医师指《医师执业证》“级别”为“执业助理医师”且实际从事医疗、预防保健工作的人员，不包括实际从事管理工作的执业助理医师。每千人口执业（助理）医师数即执业（助理）医师数/人口数×1000。2011 年及之前人口数系公安部户籍人口，2012 年及之后人口数系国家统计局常住人口。关于医疗资源城乡划分见“每千人口医疗卫生机构床位数”。

（10）最低生活保障金人均支出（U10、R10）

指家庭人均收入低于当地城乡居民最低生活保障标准，从当地人民政府获得基本生活物资补助，包括城市居民最低生活保障和农村居民最低生活保障。最低生活保障金人均支出越多，说明居民从当地人民政府获得的保障越强，更有安全感和归属感。数据均来自历年《中国民政统计年鉴》。

（11）居民人均转移性收入（U11、R11）

转移性收入指国家、单位、社会团体对居民家庭的各种转移支付和居民家庭间的收入转移，是居民无须付出任何对应物而获得的货物、资金或财产所有权等，其中财政的各种无偿支出是转移性收入的重要来源。并且，从人均转移性收入数据来看，政府转移支付部分仍占据主导地位，可以视为政府为民众提供福利保障的一种途径，因此，选择城乡居民人均转移性收入作为衡量社会保障的一项指标。数据均来自历年《中国统计年鉴》。

（12）供水普及率（U12、R12）

数据来自历年《中国城乡建设统计年鉴》，设市城市的城区代表城市，乡政府驻地代表农村。

（13）燃气普及率（U13、R13）

数据来自历年《中国城乡建设统计年鉴》，城乡划分参见“供水普及率”。

（14）人均道路面积（U14、R14）

数据来自历年《中国城乡建设统计年鉴》，城乡划分参见“供水普及率”。

（15）人均公园绿地面积（U15、R15）

数据来自历年《中国城乡建设统计年鉴》，城乡划分参见“供水普及率”。

关于样本选取，考虑到省域和城市之间在城乡差异方面具有特别明显的不同，尤其像北京、上海等直辖市，城镇化率高达 80%以上，乡村地域规模和人口规模较小，且城乡之间基本上实现了一体化发展，再考虑这些城市的城乡差异，尤其是将其他省份和这些城市进行比较，意义不大，因此，在样本选择过程中去除掉直辖市，也不包括港澳台地区，并剔除数据缺失严重的西藏自治区，最终确定对其他 26 个省区进行分析。

5.1.2 评价方法

综合评价指的是运用多个指标对多个参评对象进行评价的方法，目前常用的方法有层次分析法、熵值法、CRITIC(Criteria Importance Through Intercriteria Correlation)权重法、模糊综合评价法、物元分析法、灰色聚类分析法等。其中，CRITIC 权重法是一种比熵权法和标准差法更好的客观赋权法，它是基于评价指标的对比强度和指标之间的冲突性来综合衡量指标的客观权重。对比强度用标准差表示，如果数据标准差越大，说明波动越大，权重越高；冲突性用相关系数表示，如果指标之间的相关系数值越大，说明冲突性越小，权重越低。计算权重时，对比强度与冲突性指标相乘，并且进行归一化处理，即得到最终的权重。采用 CRITIC 权重法得到各指标的权重后，再以加权求和的形式获取各省份按城乡分类别的基本公共服务综合评价指数，以便进行有针对性的分析。具体步骤如下：

假设有 n 个待评价样本，p 项评价指标，形成原始指标数据矩阵：

$$X=\begin{pmatrix} X_{11} & \cdots & X_{1p} \\ \vdots & \ddots & \vdots \\ X_{n1} & \cdots & X_{np} \end{pmatrix} \tag{5.1}$$

(1)无量纲化处理

为消除因量纲不同对评价结果的影响，需要对各指标进行无量纲化处理。

若所用指标的值越大越好(即正向指标)：

$$X'_{ij}=\frac{X_j-X_{\min}}{X_{\max}-X_{\min}} \tag{5.2}$$

若所用指标的值越小越好(即逆向指标)：

$$X'_{ij}=\frac{X_{\max}-X_j}{X_{\max}-X_{\min}} \tag{5.3}$$

其中，X_{ij}表示第 i 个样本第 j 项评价指标的数值。

(2)指标变异性

以标准差的形式来表现：

$$\begin{cases} \overline{X_j} = \dfrac{1}{n}\sum_{i=1}^{n} X_{ij} \\ S_j = \sqrt{\dfrac{\sum_{i=1}^{n}(X_{ij} - \overline{X}_j)^2}{n-1}} \end{cases} \tag{5.4}$$

其中，S_j 表示第 j 个指标的标准差。在 CRITIC 权重法中用标准差来表示各指标取值的差异波动情况，标准差越大，表示该指标的数值差异越大，越能反映出更多的信息，该指标本身的评价强度也就越强，应该给该指标分配更多的权重。

(3)指标冲突性

用相关系数表示：

$$R_j = \sum_{i=1}^{p}(1 - r_{ij}) \tag{5.5}$$

其中，r_{ij}表示评价指标 i 和 j 之间的相关系数。用相关系数表示指标间的相关性，与其他指标的相关性越强，则该指标就与其他指标的冲突性越小，反映出相同的信息越多，所能体现的评价内容就越有重复之处，一定程度上也就削弱了该指标的评价强度，应该减少对该指标分配的权重。

(4)信息量

$$C_j = S_j \sum_{i=1}^{p}(1 - r_{ij}) = S_j \times R_j \tag{5.6}$$

C_j 越大，第 j 个评价指标在整个评价指标体系中的作用越大，应该给其分配更多的权重。

(5)客观权重

由上，得出第 j 个指标的客观权重 W_j 为：

$$W_j = \frac{C_j}{\sum_{j=1}^{p} C_j} \tag{5.7}$$

(6)确定综合评价指数

将标准化后的数据进行加权求和，得出综合评价指数。

$$S_i = \sum_{j=1}^{p} w_j X_{ij} \tag{5.8}$$

其中，S_i 为地区 i 的综合评价指数，X_{ij} 为标准化处理后的数据，表示第 i 个地区第 j 个指标，w_j 为各指标的权重。

5.2 城乡基本公共服务水平分类评价结果

5.2.1 城乡基本教育公共服务水平

通过上述方法求得各省份城乡基本教育公共服务水平综合评价指数，如表 5-2 所示。整体来看，农村综合评价指数排名靠前的是吉林、内蒙古、黑龙江，以及浙江、陕西、江苏等，排名靠后的是广西、河南、江西、湖南和四川，得分最高的吉林省是得分最低的广西的 8 倍。城市综合评价指数排名靠前的是吉林、浙江、江苏、黑龙江、内蒙古和新疆，排名靠后的是河南、江西、广西、湖南、贵州和河北，其中得分最高的吉林省是得分最低的河南省的 6.6 倍。由此可见，各省份的基础教育水平，无论城市还是农村，差异都十分明显。并且，农村基本教育变异系数为 0.190，城市为 0.196。一般来说，变异系数越大，表示数据的变异程度越大，相反，变异系数越小则表示数据的变异程度越小。因此，从变异系数来看，农村基本教育和城市基本教育在 26 个省区之间变异程度相近，说明农村基本教育公共服务差异程度和城市基本教育公共服务差异程度基本相当，也就是说，无论城市还是农村，区域之间都存在一定的基础教育差异。

进一步分析发现，26 个省区中有 13 个省区农村基本教育综合评价指数高于城市(见表 5-2 中字体加粗省区)，其中大部分集中于中西部地区。这 13 个省区中，农村地区平均每万名小学生/初中生拥有教师数、小学/初中生均预算内财政支出均高于城市地区，但是，小学/初中教师本科及以上学历占比均低于城市地区，也就是说，中西部地区学校对高学历人才的吸引能力较弱。一方面，通过城镇化吸纳广大农村地区生源到县城或城市地区接受义务教育，另一方面，从制度建设和政策构建上吸引高学历人才扩充农村教师队伍，使教育资源在城乡之间、不同人群之间更加均衡，促进基本教育公共服务均等化发展。

表 5-2　2020 年各省份城乡基本教育公共服务水平综合评价指数

东部地区	农村	城市	中部地区	农村	城市	西部地区	农村	城市
福建	0.417	0.377	**安徽**	0.324	0.310	**甘肃**	0.525	0.502
广东	0.378	0.478	**河南**	0.158	0.118	广西	0.101	0.139
海南	0.345	0.318	**黑龙江**	0.698	0.690	**贵州**	0.273	0.237
河北	0.274	0.278	湖北	0.272	0.328	**内蒙古**	0.723	0.690
江苏	0.584	0.721	湖南	0.197	0.225	**宁夏**	0.400	0.352
辽宁	0.507	0.580	**吉林**	0.814	0.778	青海	0.441	0.478
山东	0.361	0.485	**江西**	0.160	0.128	**陕西**	0.614	0.567
浙江	0.677	0.744	**山西**	0.540	0.501	四川	0.242	0.309
						新疆	0.354	0.584
						云南	0.343	0.366
平均值	0.443	0.498	平均值	0.395	0.385	平均值	0.402	0.422

分地区来看，无论农村还是城市，基本教育公共服务综合评价的均值均呈现东部地区>西部地区>中部地区的变化趋势。东部地区和中西部地区农村相比，优势主要体现在初中生均预算内财政支出、小学/初中教师本科及以上学历占比上。东部地区 8 省份上述 3 项指标的均值均大于中西部地区，其中，初中生均预算内财政支出分别高出中西部地区 2010 元和 1753 元，小学教师本科及以上学历占比高出中西部地区近 10 个百分点。东部地区经济发达，城乡差异小，乡村整体的生活条件和公共服务水平与城市相比落差不是很大，并且收入水平相对有保障，在目前就业压力大的情况下，乡村对高学历教师还是有吸引力的。每万名小学生/初中生拥有

教师数，中西部地区高于东部地区，这主要和学生分布有关，中西部地区农村小学分布较分散，导致学校规模小，因此教师资源较分散。东部地区和中西部地区城市相比，优势主要体现在初中生均财政投入和小学教师本科及以上学历占比上，前者均高出2000元以上，后者也都高出5个百分点。但是整体来看，乡村教育资源在区域间的不均衡发展程度还是高于城市的，因为城市尤其是大中城市之间，在教育资源的硬件投入、师资保障方面并没有太大区别，而农村之间的教育资源则和地方财力、地区经济发展水平有很大关系。

不可否认的是，近年来，随着城乡融合发展，各级政府积极推进包括教育在内的公共服务城乡一体化发展，农村教育状况整体得到较大改观。采用同样方法测得2006年农村基本教育综合评价指数，发现该年度仅有5个省份农村基本教育综合评价指数是高于城市的，而2020年该数据上升至13个，说明农村教育整体情况在提升。如表5-3所示，农村总体的基本教育综合评价指数增加较多，城乡之间综合评价指数差距也由0.054减少至0.022，各省份乡村之间基本教育综合评价指数的变异系数也有所下降，说明城乡之间、乡村之间基本教育差异在缩小。党的十八大以来，《国务院关于统筹推进县域内城乡义务教育一体化改革发展的若干意见》《国务院关于深入推进义务教育均衡发展的意见》《乡村教师支持计划（2015—2020年）》等重要文件先后出台，对推动优质教育资源共享、均衡配置办学资源、合理配置教师资源、保障特殊群体平等接受义务教育等提出了明确要求。党的十九大报告强调要“推动城乡义务教育一体化发展，高度重视农村义务教育”，党的二十大报告也提出，要加快义务教育优质均衡发展和城乡一体化，优化区域教育资源配置。在一系列国家政策支持下，农村基本教育经费投入、办学条件、师资质量等都得到明显提升。根据国务院教育督导委员会的评估，截至2021年底，全国31个省（区、市）和新疆生产建设兵团的2895个县都实现了县域义务教育基本均衡发展。

表 5-3 2006 年和 2020 年农村和城市基本教育综合评价指数及变化情况

分类	综合指数			变异系数		
	2006 年	2020 年	增幅	2006 年	2020 年	增幅
农村	0.343	0.412	0.069	0.194	0.190	-0.004
城市	0.397	0.434	0.037	0.188	0.196	0.008

5.2.2 城乡基本医疗卫生服务水平

根据评价结果(见表 5-4)，农村基本医疗卫生服务水平排名靠前的分别是新疆、浙江、江苏、陕西和吉林。排名第一的新疆是排名最后的辽宁的 1.74 倍。2020 年，新疆农村每千人口卫生技术人员数为 7.04 人，仅次于浙江；每千人口执业(助理)医师数为 2.48 人，排在浙江、江苏、吉林、河北、内蒙古之后；每千人口医疗卫生机构床位数为 7.22 张，远高于其他省区，26 个省区该指标的中位数和平均值分别是 4.91 和 4.97。在评价时采用的是 CRITIC 权重法(具体见本章评价方法部分)，3 项指标权重分别是 35.61%、21.11%、43.28%，因此，相对而言，每千人口医疗卫生机构床位数更能体现乡村之间基本医疗卫生服务水平的差距。这也是新疆每千人口执业(助理)医师数排名并不是特别靠前，但总体评价水平却位居第一的主要原因。另外，新疆千人指标比较靠前，也和其本身农村总体人口规模不大有关。根据 2020 年人口普查数据，新疆农村人口 1124 万人，在 26 个省区中排在第 20 位。位于东部的浙江和江苏两省份 3 项指标都比较靠前，其中浙江省每千人口卫生技术人员数和执业(助理)医师数在 26 个省区中是最高的。吉林省 3 项指标仅次于江苏。

表 5-4 2020 年城乡基本医疗卫生服务水平综合评价

东部地区	农村	城市	中部地区	农村	城市	西部地区	农村	城市
福建	4.011	7.961	安徽	3.856	7.838	甘肃	4.343	8.254
广东	3.767	7.701	河南	3.751	11.335	广西	3.858	7.307
海南	4.161	11.468	黑龙江	4.022	10.698	贵州	4.174	10.321
河北	4.507	6.877	湖北	4.676	8.752	内蒙古	4.773	10.918

续表

东部地区	农村	城市	中部地区	农村	城市	西部地区	农村	城市
江苏	5.323	8.185	湖南	4.597	12.257	宁夏	4.393	8.389
辽宁	3.543	11.095	吉林	5.221	7.377	青海	4.596	10.579
山东	4.710	8.654	江西	3.688	8.319	陕西	5.287	8.737
浙江	5.848	10.507	山西	3.901	11.922	四川	4.976	8.349
						新疆	6.155	12.064
						云南	5.045	11.427
平均值	4.483	9.056	平均值	4.214	9.812	平均值	4.760	9.635

注：由于3项指标量纲一致，为便于分析，在加权求和时未进行无量纲化处理。

排名靠后的分别是辽宁、江西、河南、广东和安徽。辽宁省农村每千人口卫生技术人员数为3.66人，在26个省区中最低；每千人口卫生技术人员数和执业(助理)医师数仅高于广西；每千人口医疗卫生机构床位数为4.41张，虽然高于山西、福建、江西、河南、广东、广西、宁夏等省区，但是前两项指标过低，导致总体的评价结果不高。江西和河南省的这3项指标也比较靠后，每千人口卫生技术人员数仅高于辽宁省，低于5.37的平均水平；每千人口医疗卫生机构床位数分别是4.37张、4.35张，仅高于广东、广西、山西和宁夏四省区。并且，河南是人口大省，农村人口在26省区中排名第一，采用千人指标评价医疗卫生服务水平有一定的稀释作用。广东省综合评价得分并不高的原因也是3项指标都不高，并且每千人口医疗卫生机构床位数仅为3.96张，在26个省区中排在最后。

城市基本医疗卫生服务水平综合评价得分均高于相应的农村地区，但是城市之间也存在明显差异。3项指标的权重分别是32.15%、14.14%、53.71%，和农村一致，每千人口医疗卫生机构床位数权重大于卫生技术人员数和执业(助理)医师数，说明相较于卫生技术人员数和执业(助理)医师数，每千人口医疗卫生机构床位数在城市之间的波动更大，更能够体现省区之间的差异，而前两项指标之间有一定的关联度，因此权重相对较小。城市基本医疗卫生服务水平排名前五的省区分别是湖南、新疆、山西、海南和云南。湖南得分最高，因为湖南省城市每千人口医疗卫生机构床位数达到12.26张，在26个省区中是最高的，而卫生技术人员数和执业（助理）医师数则分别排在第8和第9位。新疆的每千人口卫生技术人员数和执业（助理）医师数均最高，山西和海南紧随其后。排名靠后的省区分别是河北、广西、吉林、广东和安徽。河北省3项指标在26个省区中是最低的，广东和广西每千人口卫生技术人员数和执业（助理）医师数不算低，但是每千人口医疗卫生机构床位数太少，仅比河北省稍高。相对而言，安徽省每千人口医疗卫生机构床位数稍高，但是前两项指标比较低，尤其每千人口卫生技术人员数仅比河北稍高。

从综合评价结果来看，城市的基本医疗总体水平都高于农村，但是两者在城乡之间的差异大于基本教育公共服务水平的差异。分地区看，根据综合评价指数的平均值，城市医疗卫生服务水平呈现中部地区>西部地区>东部地区的格局，农村呈现西部地区>东部地区>中部地区的格局，这和评价指标选取有关，由于采用的是千人指标，也在一定程度上反映了东部地区人口密集的特征。

5.2.3 城乡基本社会保障水平

根据评价结果（见表5-5），农村基本社会保障水平综合评价排名靠前的是浙江、江苏、广东、安徽和湖北，排名靠后的是河南、黑龙江、云南、吉林和甘肃，反映了经济实力较强和就业机会较多的省份对农村转移支付的力度较大。城市基本社会保障水平综合评价排名靠前的是浙江、辽宁、江苏、陕西和青海，排名靠后的是福建、甘肃、贵州、河南和广东。甘肃、贵州、河南的最低生活保障和转移支付都较低。广东和福建比较特殊，之所以评分较低，原因在于城市居民转移支付额度太低，但是城市居民的最低生活保障人均支出却比较高。根据CRITIC权重法，转移支付在省份之间的差异比较大，权重系数达到53.67%。广东省2020年城市居民最低生活保障人均支出为9992元，位居第三，但是转移支付是最少的；福建省最低生活保障排在第11位，但是转移支付排在第24位，较高的最低生活保障支出是保障低收入居民基本生活的主要手段。财政的各种无偿支出是转移性收入的重要来源，说明广东省和福建省城市整体发展水平较高，而转移支付的目的是使贫困地区能够达到全国性基本公共服务水准，即全国基本公共服务标准均等化，这一标准是全国公共服务和公共投资的最低标志，因此这两个省转移支付力度较低。

表 5-5 2020 年城乡基本社会保障水平综合评价

东部地区	农村	城市	中部地区	农村	城市	西部地区	农村	城市
福建	4580	6284	安徽	4813	6405	甘肃	2887	5996
广东	4946	5791	河南	3281	5843	广西	3654	6429
海南	3573	6638	黑龙江	3111	7936	贵州	3446	5985
河北	3338	7096	湖北	4661	8287	内蒙古	3777	6610
江苏	5943	9359	湖南	3380	7214	宁夏	3620	6658
辽宁	3378	9912	吉林	3084	7347	青海	4655	8756
山东	3817	7052	江西	4002	7286	陕西	4153	8986
浙江	7377	10635	山西	4187	7748	四川	3397	6926
						新疆	3516	6711
						云南	3092	6841
平均值	4619	7846	平均值	3815	7258	平均值	3620	6990

注：由于指标量纲一致，为便于分析，加权求和时未进行无量纲化处理。

5.2.4 城乡基础设施水平

根据评价结果（见表 5-6），农村基础设施水平综合评价排名靠前的是江苏、广东、浙江、福建、新疆，其中，前四个省在反映农村基础设施水平的四项指标，即农村供水普及率、燃气普及率、人均道路面积和人均公园绿地面积上都有优势，普遍高于其他省区，新疆的优势主要体现在人均道路面积上，其他 3 项指标不是很高。究其原因，主要是人均道路面积的权重系数达到 37%，其他 3 项指标分别为 20.17%、22.04%、20.78%，因此，如果在人均道路面积上有较大优势，则综合评价值会比较靠前，单从这一点来看人均道路面积是反映农村之间基础设施水平差异的主要指标。

但是，新疆农村地域广，人口密度低，国家实施一系列诸如“村村通”等工程后，道路长度明显增加，因此人均道路面积会比较大。而农村地域面积小、人口密度大的省份，农村道路长度较短，相应的人均道路面积比较小。因此，鉴于基础设施特征，忽略空间尺度，纯粹用人均指标来评价基础设施水平，也存在一定的不足。农村基础设施水平综合评价排名靠后的是青海、四川、山西、辽宁、河北，这五个省区 4 项指标值都比较低，辽宁和青海农村供水普及率仅分别为 53. 75%、66. 59%。

反映城市基础设施水平的 4 项指标即城市供水普及率、燃气普及率、人均道路面积和人均公园绿地面积，权重系数分别为 22. 55%、22. 61%、26. 15%和 28. 69%，差别并不大，说明每项指标对基础设施之间差异的贡献程度基本相当。排名靠前的前五个省区是宁夏、山东、内蒙古、江苏、安徽，宁夏的人均道路面积和人均公园绿地面积在 26 个省区中都是最高的。综合评价得分较低的分别是云南、吉林、黑龙江、海南、陕西，云南省燃气普及率最低，为 78. 65%。

分地区来看，农村基础设施水平呈现东部地区>中部地区>西部地区的格局，城市呈现东部地区>西部地区>中部地区的格局，东部地区在基础设施方面仍然具有一定的优势。分城乡来看，农村基础设施水平综合评价指数高于城市的分别是广东、海南、浙江、黑龙江、吉林、陕西、云南，这仅是分城乡进行评价后的直观比较，仍需要结合反映城乡之间差异的指标进行深入细致的分析。

表 5-6　2020 年城乡基础设施水平综合评价

东部地区	农村	城市	中部地区	农村	城市	西部地区	农村	城市
福建	0. 6307	0. 6472	安徽	0. 5205	0. 7359	甘肃	0. 2822	0. 5447
广东	0. 7212	0. 5625	河南	0. 3754	0. 4509	广西	0. 5506	0. 6691
海南	0. 5721	0. 4289	黑龙江	0. 4037	0. 3828	贵州	0. 5295	0. 6571
河北	0. 2621	0. 7118	湖北	0. 5763	0. 5885	内蒙古	0. 3873	0. 8347
江苏	0. 7929	0. 8030	湖南	0. 3215	0. 5100	宁夏	0. 5317	0. 9158
辽宁	0. 2533	0. 5349	吉林	0. 4112	0. 2389	青海	0. 0820	0. 4535

续表

东部地区	农村	城市	中部地区	农村	城市	西部地区	农村	城市
山东	0.4708	0.8605	江西	0.3557	0.5791	陕西	0.4919	0.4312
浙江	0.6476	0.6243	山西	0.2487	0.5746	四川	0.2345	0.5151
						新疆	0.5928	0.6940
						云南	0.3286	0.2130
平均值	0.5438	0.6466	平均值	0.4016	0.5076	平均值	0.4011	0.5928

5.3 城乡基本公共服务水平综合评价结果

上文中，我们采用 CRITIC 权重法计算得出各省份每类基本公共服务的发展指数。此处进一步采用加权求和法求得各省份基本公共服务综合发展指数。考虑到教育、医疗、社会保障、基础设施这四类基本公共服务对于地区基本公共服务整体水平同等重要，对四类指标赋相同权重（即 0.25），计算得出各省份基本公共服务整体水平。从表 5-7 中可以发现，农村基本公共服务综合指数排名前十的分别为浙江、江苏、新疆、陕西、内蒙古、吉林、广东、湖北、福建、黑龙江，城市基本公共服务综合指数排在前十的分别为浙江、内蒙古、新疆、辽宁、江苏、山西、青海、山东、黑龙江、湖南。无论城市还是农村，浙江、江苏、新疆、内蒙古、黑龙江这五个省区基本公共服务综合指数排名都比较靠前。城市基本公共服务综合指数排名靠后的省区为甘肃、河南、河北、四川、江西、广西，农村基本公共服务综合指数排名靠后的省区为甘肃、广西、河南、河北、辽宁、江西，其中，甘肃、广西、河南、河北、江西五个省区，无论城市还是农村，基本公共服务综合指数排名都比较靠后。

表 5-7　2020 年 26 个省区城乡基本公共服务综合指数

地区	农村	城市	地区	农村	城市
安徽	0.3918	0.3828	江苏	0.6972	0.6081
福建	0.4168	0.3975	江西	0.2460	0.3318

续表

地区	农村	城市	地区	农村	城市
甘肃	0.3001	0.3814	辽宁	0.2586	0.6258
广东	0.4494	0.4092	内蒙古	0.4878	0.6466
广西	0.2893	0.2997	宁夏	0.3678	0.4800
贵州	0.3184	0.4213	青海	0.3170	0.5530
海南	0.3522	0.4777	山东	0.3681	0.5289
河北	0.2592	0.3604	山西	0.3500	0.5949
河南	0.2752	0.3785	陕西	0.4949	0.4727
黑龙江	0.4062	0.5266	四川	0.3401	0.3395
湖北	0.4384	0.4424	新疆	0.5076	0.6275
湖南	0.3147	0.4817	云南	0.3002	0.4293
吉林	0.4833	0.3873	浙江	0.7151	0.7325

进一步比较基本公共服务具体情况，发现综合发展水平排名较靠后省区基本公共服务“短板”各不相同。从农村基本公共服务综合指数来看，对标排名靠前的浙江、江苏、新疆，排名靠后的河北、辽宁、江西各项公共服务提升空间表现各异。针对基本教育公共服务，河北省和江西省的每万名初中生拥有教师数、小学和初中生均预算内财政支出、小学教师本科及以上学历占比等几项指标有较大提升空间，并且江西省的初中教师本科及以上学历占比也不高，比公共服务综合指数最高的浙江省低 24 个百分点；辽宁省主要是初中生均预算内财政支出、小学教师本科及以上学历占比两项指标较弱。针对基本医疗卫生公共服务，河北、辽宁、江西均表现欠佳，其中，辽宁省的每千人口卫生技术人员数和执业（助理）医师数仅分别为 3.66 人、1.57 人，不及浙江省的一半。针对社会保障类基本公共服务，河北省和辽宁省的居民人均转移性收入较低，并且辽宁省的最低生活保障金人均支出也不高。针对基础设施类公共服务，浙江、江苏、新疆的供水普及率均超过 90%，河北和江西也达到了 80%以上，而辽宁省仅为 54%，有较大提升空间。河北、辽宁、江西的燃气普及率也较低，尤其是辽宁省，仅为 15%。河北省的人均道路面积，河北和辽宁的人均公园绿地面积

等也都有较大提升空间(见表5-8)。

表5-8 部分省区农村基本公共服务水平对比(2020年)

地区	浙江	江苏	新疆	河北	辽宁	江西
每万名小学生拥有教师数(人)	671	618	664	665	1059	760
每万名初中生拥有教师数(人)	857	896	1015	756	1126	692
普通小学生均预算内财政支出(元)	15902	10864	12295	8475	10700	9378
初中生均预算内财政支出(元)	22506	20018	17914	11470	12591	12172
小学教师本科及以上学历占比(%)	83	89	40	53	55	42
初中教师本科及以上学历占比(%)	96	95	76	86	87	72
每千人口医疗卫生机构床位数(张)	5. 19	5. 44	7. 22	4. 84	4. 41	4. 37
每千人口卫生技术人员数(人)	8. 11	6. 61	7. 04	5. 22	3. 66	4. 11
每千人口执业(助理)医师数(人)	3. 38	2. 91	2. 48	2. 62	1. 57	1. 58
最低生活保障金支出水平(元/人·年)	9313	6426	3601	4076	3715	4260
居民人均转移性收入(元)	3871	5070	3361	2000	2768	3535
供水普及率(%)	92	99	91	84	54	82
燃气普及率(%)	50	97	13	46	15	41
人均道路面积(平方米)	27	23. 28	29. 28	15. 77	23. 7	19. 57
人均公园绿地面积(平方米)	2. 18	5. 71	1. 17	0. 97	0. 32	1. 31

从城市基本公共服务综合指数来看，对标排名靠前的浙江、内蒙古、新疆，排名靠后的四川、江西、广西在教育、医疗方面有较大提升空间。其中，小学和初中生均预算内财政支出都不高，尤其是初中生均预算内财政支出，排名靠后的三个省区均不到15000元，而排名靠前的浙江、内蒙古、新疆均在15000元以上。排名靠后的三个省区的每千人口医疗卫生机构床位数、卫生技术人员数和执业(助理)医师数3项指标都较低，其中每千人口卫生技术人员数都不足10人，而浙江和内蒙古分别是14.24人和13.89人，新疆达到15.38人。排名靠后的三个省区每千人口执业(助理)医师数都没有超过4人，而排名靠前的三个省区均在5人以上。广西

每千人口医疗卫生机构床位数仅为6.82张，比新疆低4.86张，也存在一定的提升空间(见表5-9)。

表5-9　部分省区城市基本公共服务水平对比(2020年)

地区	浙江	内蒙古	新疆	四川	江西	广西
每万名小学生拥有教师数(人)	577	696	622	566	521	508
每万名初中生拥有教师数(人)	792	886	873	753	605	645
普通小学生均预算内财政支出(元)	15380	12970	12922	10071	9289	8077
初中生均预算内财政支出(元)	22622	16593	20076	13914	12481	10709
小学教师本科及以上学历占比(%)	87	76	63	59	60	60
初中教师本科及以上学历占比(%)	97	91	87	83	79	84
每千人口医疗卫生机构床位数(张)	9.61	10.64	11.68	8.72	8.85	6.82
每千人口卫生技术人员数(人)	14.24	13.89	15.38	9.84	9.63	9.83
每千人口执业(助理)医师数(人)	5.43	5.22	5.98	3.55	3.32	3.42
最低生活保障金支出水平(元/人·年)	11474	6853	5507	4627	6729	5739
居民人均转移性收入(元)	9910	6401	7751	8910	7767	7026
供水普及率(%)	100	99.5	99.51	98.28	98.62	99.68
燃气普及率(%)	100	97.26	98.64	97.41	97.59	99.36
人均道路面积(平方米)	19.08	23.93	25.36	18.13	19.81	23.76
人均公园绿地面积(平方米)	13.59	19.2	13.19	14.4	14.8	12.85

6

中国城乡基本公共服务均等化水平比较

6.1 指标构建与数据来源

从本质上来讲，城乡基本公共服务差异或者均等化水平并不等同于城乡基本公共服务水平，前者主要强调的是“差异”程度或者“均等化”程度。因此，第5章的指标体系只是从统一性的角度给出了能够在同一个维度上反映城市和乡村基本公共服务水平的内容。当然，如果仅是讨论城市或者乡村的基本公共服务，可用的指标和数据会更丰富，比如，城镇公共就业服务、农村农田水利基础设施。但鉴于本章目的是评价城乡之间的差异，为使城市和乡村之间更具可比性，并考虑数据可获得性，选择城市和乡村均有的同一指标构建指标体系。考虑目前乡村公共服务普遍滞后于城市，为保持指标的正向性，在城乡基本公共服务综合评价指标体系基础上，采用某一项指标的乡村与城市之比表示城乡差距。也就是说，针对某项指标，乡村与城市的比值越大，表明城乡差距越小，城乡均等化程度越高。原因在于，乡村地区的人口密度普遍低于城市。在乡村与城市公共服务水平相同的情况下，由于乡村人口公布较为分散，乡村居民在服务质量或公共服务设施的可达性方面通常不及城市地区。因此，只有在乡村与城市的比值较大时，乡村居民才能在相同条件下获得与城市居民相等的公共服务。以基本教育为例，若农村每万名小学生拥有的教师数量与城市相同，但是由于农村学生分布比较分散，学校规模普遍小于城市，因此农村学生可拥有的实际教师资源其实是弱于城市的，这一点通过后文中相应数据的分析也可窥见。因此，选用相应指标的乡城比作为衡量城乡基本公共服务均等化的具体指标，具体评价指标体系见表6-1。关于数据来源详见

第5章。

关于样本选择，与第5章一致，仍然选择具有可比性的26个省区。根据数据可比性和可获得性，选择2006—2020年数据进行比较分析。将26个省区农村和城市相应指标比值作为衡量城乡基本公共服务均等化的具体指标，形成指标体系。最终确定2006—2020年15项指标，分城市和农村11700个数据量，求得乡城比后共计5850个样本数据量。其中，个别省份个别年份原始数据缺失，采用邻近年份求均值的方法替代。由于缺失量很小，不影响样本数据整体的稳定性。

表6-1 城乡基本公共服务均等化评价指标体系

评价目标	一级指标	二级指标
城乡基本公共服务均等化水平	基本教育服务	农村每万名小学生拥有教师数/城市每万名小学生拥有教师数 R1/U1
		农村每万名初中生拥有教师数/城市每万名初中生拥有教师数 R2/U2
		农村普通小学生均预算内财政支出/城市普通小学生均预算内财政支出 R3/U3
		农村初中生均预算内财政支出/城市初中生均预算内财政支出 R4/U4
		农村小学教师本科及以上学历占比/城市小学教师本科及以上学历占比 R5/U5
		农村初中教师本科及以上学历占比/城市初中教师本科及以上学历占比 R6/U6
	医疗卫生	农村每千人口医疗卫生机构床位数/城市每千人口医疗卫生机构床位数 R7/U7
		农村每千人口卫生技术人员数/城市每千人口卫生技术人员数 R8/U8
		农村每千人口执业（助理）医师数/城市每千人口执业（助理）医师数 R9/U9
	社会保障	农村最低生活保障金支出水平/城市最低生活保障金支出水平 R10/U10
		农村居民人均转移性收入/城市居民人均转移性收入 R11/U11
	基础设施	农村供水普及率/城市供水普及率 R12/U12
		农村燃气普及率/城市燃气普及率 R13/U13
		农村人均道路面积/城市人均道路面积 R14/U14
		农村人均公园绿地面积/城市人均公园绿地面积 R15/U15

6.2 测算方法

第5章采用了CRITIC权重法进行指标赋权，并进一步采用加权求和的方法得出公共服务综合评价值。本部分重在讨论城乡差异并进行省份之间的比较，由于城乡差异或者城乡均等化并无统一标准，因此，采用熵权TOPSIS（Technique for Order Preference by Similarity to an Ideal Solution）模型法进行分析。该方法是在归一化后的原始数据矩阵中，找出最优方案和最劣方案，将评价对象与最优方案的相对接近程度作为评价依据，适用于解决需要改善实践过程或提出优化建议、方案优选或实施奖惩的评价等问题[179]。对于城乡基本公共服务均等化评价来讲，目前仍没有统一的标准来衡量均等化程度。因此，通过样本之间的比较不失为一种替代措施，也就是将某一省级单元城乡公共服务差距与最优省级单元（即城乡差距最小）、最劣省级单元（即城乡差距最大）进行比较，以此来判断各省级单元在城乡公共服务差异上所处的位置，进而找出需要“补短板”“强弱项”的公共服务类别，向优向好看齐，在此基础上找出一条有针对性的促进城乡公共服务均等化的具体提升路径。综合评价过程中，权重的确定是综合评价的关键环节，TOPSIS模型法的计算原理是相对于最优解程度的，需要多个评价对象的指标数值，因此可使用熵值法计算权重。基于熵权法的TOPSIS模型能充分利用原始数据的信息，客观进行权重赋值，其结果能客观地反映各评价方案之间的差距。综上所述，本部分选择基于熵权法的TOPSIS模型对我国省级单元之间城乡基本公共服务均等化程度进行比较评价。

熵权TOPSIS模型法分别涉及熵权法和TOPSIS，首先采用熵权法计算各评价指标的权重值，然后利用权重与原始数据的乘积，得到新的数据表。随后采用TOPSIS进行计算，最终得到各评价对象的接近程序C值，用于判断和衡量评价对象的优劣排序。具体步骤如下：

（1）将数据进行正向化处理①

通常来讲，常见的数据可以分为四类：极大型指标，即指标数值越大越好；极小型指标，即指标数值越小越好；中间型指标，即指标数值越接近某个值越好；区间性指标，即指标数值在某个区间范围内最好，区间内的数值大小无优劣之分。为便于分析，首先需要将数据进行正向化处理，即让所有数据都转化为极大型指标，指标数值越大越好。

①极小型指标转化为极大型指标：

$$\bar{x}_i = \frac{1}{x_i} \text{或} \bar{x}_I = \max(X) - x_i \tag{6.1}$$

其中，$\bar{x}_i$ 代表转化后的结果。通过这种方法，我们就可以将一个越小越好的指标转化为越大越好的指标。

②中间型指标转化为极大型指标：

$$\bar{x}_I = 1 - \frac{|x_i - x_{\text{best}}|}{\max(|X - x_{\text{best}}|)} \tag{6.2}$$

其中，x_{best}代表最好的值，这里的分母求得的是偏离最好值最远的值。

③区间型指标转化为极大型指标：

$$\bar{x}_I = \begin{cases} 1 - \dfrac{a - x_i}{M}, & x_i > a \\ 1, & a < x_i < b \\ 1 - \dfrac{x_i - b}{M}, & x_i > b \end{cases} \tag{6.3}$$

其中，$M = \max\{a - \min(X), \max(X) - b\}$，$a$ 为下界，b 为上界。该处计算和中间型指标一样，先算出 M，即偏离最优区间最远的值，然后通过 1 减去每个数据的偏离程度再除以 M 将区间型指标转化为极大型指标。

（2）将正向化后的数据进行标准化处理

为消除数据量纲的影响，需要对数据进行标准化处理。常见的标准化

① 该部分所采用的方法参考了中国专业 IT 社区 CSDN 博主 Liu-Kevin 的原创文章，原文链接：https：//blog. csdn. net/limiyudianzi/article/details/103410150.

处理方法有“归一化”“区间化”“均值化”等，“归一化”是将所有数据压缩到0~1，“区间化”是将所有数据压缩到所设定的区间，“均值化”是当前值/平均值。一般来讲，如果数据全部大于零，可以使用“均值化”；如果数据中有负数或者零，可以使用“区间化”，让数据限定在一个区间，也可以采用“归一化”，将数据全部介于0~1。最常见的标准化方法是Z-Score标准化，是将数据按比例缩放，使之落入一个特定区间。要求：均值$\mu=0$，$\sigma=1$。首先求得标准差：

$$\sigma = \sqrt{\frac{1}{N}\sum_{i=1}^{N}(x_i - \mu)^2} \tag{6.4}$$

然后进行 Z-Score 标准化转换：

$$z = \frac{x-\mu}{\sigma} \tag{6.5}$$

（3）利用熵权法对指标进行赋权

熵权法是一种客观赋权的方法，借鉴了信息熵思想，它通过计算指标的信息熵，根据指标的相对变化程度对系统整体的影响来决定指标的权重，即根据各个指标标志值的差异程度来进行赋权，从而得出各指标相应的权重，相对变化程度大的指标具有较大的权重。其计算步骤如下：

① $P_{ij} = \dfrac{z_{ij}}{\sum_{i=1}^{m} z_{ij}}$

② $e_j = -k\sum_{i=1}^{m} P_{ij}\ln P_{ij}$

其中，$k = 1/\ln(m) > 0$，满足 $ej > 0$。

③ $d_j = 1 - e_j$

④ $w_j = \dfrac{d_j}{\sum_{j=1}^{n} d_j}$

其中，z_{ij}为标准化处理后的数据，一共有 m 个地区，i 代表第 i 个地区；一共有 n 个指标，j 代表第 j 个指标；e_j 为信息熵值，d_j表示信息效应值，w_j 为各指标的权重。

（4）构造加权矩阵

$$Z_{ij}^{*} = w_j z_{ij} \tag{6.6}$$

即

$$Z^{*} = \begin{bmatrix} z_{11} \cdot \omega_1 & z_{12} \cdot \omega_2 & \cdots & z_{1p} \cdot \omega_p \\ z_{21} \cdot \omega_1 & z_{22} \cdot \omega_2 & \cdots & z_{2p} \cdot \omega_p \\ \vdots & \vdots & \ddots & \vdots \\ z_{n1} \cdot \omega_1 & z_{n2} \cdot \omega_2 & \cdots & z_{np} \cdot \omega_p \end{bmatrix} \tag{6.7}$$

（5）寻找最优、最劣方案

$$\begin{cases} z_{ij}^{*+} = \max\limits_{n,p}(z_1^{*+},\ z_2^{*+},\ \cdots,\ z_p^{*+}) \\ z_{ij}^{*-} = \min\limits_{n,p}(z_1^{*-},\ z_2^{*-},\ \cdots,\ z_p^{*-}) \end{cases} \tag{6.8}$$

（6）计算最优、最劣距离

$$D_i^{+} = \sqrt{\sum_j (z_{ij}^{*} - z_j^{*+})^2} \tag{6.9}$$

$$D_i^{-} = \sqrt{\sum_j (z_{ij}^{*} - z_j^{*-})^2} \tag{6.10}$$

（7）构造相对接近度即 C 值

$$C_i = \frac{D_i^{-}}{D_i^{+} + D_i^{-}} \tag{6.11}$$

最后根据 C 值大小进行排序，C 值越大，表明评价对象越接近最优值。

6.3 结果分析

本部分首先采用面板数据分析 TOPSIS 处理结果，然后再按年份进行对比分析，以深入细致了解城乡基本公共服务省级差异情况。

6.3.1 面板数据分析结果

采用 26 个省区 2006—2020 年的面板数据，熵权法赋权重时考虑各项指标在各个省份以及各个年份之间的变化情况，然后再进行 TOPSIS 分析。

各项指标权重如表 6-2 所示，居民转移性收入乡城比、人均公园绿地面积乡城比、燃气普及率乡城比所占权重合计达到 0.7812，说明这 3 项指标，即居民转移性收入城乡之间的差距、人均公园绿地面积城乡之间的差距、燃气普及率城乡之间的差距在省份之间以及年份之间的差异最为显著。其次是人均道路面积乡城比、小学教师本科及以上学历占比乡城比、最低生活保障金人均支出乡城比。初中生均预算内财政支出、小学生均预算内财政支出这两项投入在城乡之间的差距在各个省份之间的差异程度较小。

表 6-2 熵值法计算权重结果汇总

指标项	信息熵值 e	信息效用值 d	权重系数 w
每万名小学生拥有教师数乡城比	0.9964	0.0036	1.40%
每万名初中生拥有教师数乡城比	0.9986	0.0014	0.55%
小学生均预算内财政支出乡城比	0.9984	0.0016	0.62%
初中生均预算内财政支出乡城比	0.9989	0.0011	0.43%
小学教师本科及以上学历占比乡城比	0.9916	0.0084	3.26%
初中教师本科及以上学历占比乡城比	0.9977	0.0023	0.88%
每千人口医疗卫生机构床位数乡城比	0.996	0.004	1.57%
每千人口卫生技术人员数乡城比	0.9956	0.0044	1.70%
每千人口执业（助理）医师数乡城比	0.9958	0.0042	1.65%
最低生活保障金支出水平乡城比	0.9924	0.0076	2.94%
居民人均转移性收入乡城比	0.9257	0.0743	28.79%
供水普及率乡城比	0.9954	0.0046	1.80%
燃气普及率乡城比	0.9457	0.0543	21.03%
人均道路面积乡城比	0.9869	0.0131	5.06%
人均公园绿地面积乡城比	0.927	0.073	28.30%

根据 TOPSIS 分析结果，对 26 个省区 2006—2020 年共计 390 个评价对象进行排名，将名次划分为三个范围段，结果如表 6-3 所示。其中，福建、广东、广西、海南、江苏、浙江在第 1～130 名范围内都出现了8 次以上（包括 8 次，下同），甘肃、河北、河南、湖南、吉林、辽宁、宁夏、青海、山西、四川、云南则在第 261～390 排名段中出现了 8 次以上。安

徽、贵州、黑龙江、湖北、江西、内蒙古、山东、陕西、新疆在各排名段中趋于居中位置（见表 6-3）。

表 6-3　26 个省区在各排名段中出现的次数

排名	安徽	福建	甘肃	广东	广西	贵州	海南	河北	河南
1～130	7	13	2	10	8	2	10	0	7
131～260	5	2	5	5	7	6	3	7	
261～390	3		8			7	2	8	8
排名	黑龙江	湖北	湖南	吉林	江苏	江西	辽宁	内蒙古	宁夏
1～130	2	7	6	1	13	7		5	
131～260	12	5	1	5	2	2	6	5	7
261～390	1	3	8	9		6	9	5	8
排名	青海	山东	山西	陕西	四川	新疆	云南	浙江	
1～130	6	7	1		5	3		8	
131～260	1	2	6	8	2	12	7	7	
261～390	8	6	8	7	8		8		

前十位中广东占到 8 个名额，福建、江苏各占一个名额（见表 6-4）。与其他省份相比，就目前获取的反映城乡差距的指标来看，广东省明显是城乡之间差异最小的省份，其基本公共服务均等化水平明显高于其他省份。由于排名最靠后的十个样本所处年份较早，因此选择排名最靠后的 2020 年的样本省份进行比较，可以直观看到省份之间城乡差异程度的大小主要体现在哪些方面。在 390 个样本中，排名最后两位的 2020 年的样本分别是辽宁省（排在第 226 位）和云南省（排在第 199 位）。

（1）基本教育公共服务

在反映城乡差异的 6 项指标中，广东省每万名小学生和初中生拥有的教师数的乡城比 2014 年以来都大于 1，小学生和初中生均预算内财政支出乡城比多数年份都在 0.8 以上，初中教师本科及以上学历占比的乡城比基本都在 0.8 以上。但是，同辽宁省和吉林省相应指标对比分析发现，两个省份的乡城比和广东省差距并不大，甚至辽宁省在小学/初中生均预算内财政支出、每万名小学生/初中生拥有教师数方面乡城比还要大于广东省。从绝对值来看，2020年，广东、辽宁、云南农村每万名小学生拥有教师数分别是655人、1059人、649人，城市相应数据分别是513人、651人、549人，广东并未表现出优势，甚至总体来看不及辽宁和云南，尤其辽宁省，无论城市还是农村，每万名小学生拥有教师数都多于广东，而辽宁的乡城比更是达到了1.63，比广东高出0.35。小学生均预算内财政支出方面，三省份的乡城比分别是0.82、1.11、0.97，初中生均预算内财政支出乡城比分别是0.78、0.89、0.92，单从这几个数据来看，广东省城乡差距大于辽宁省和云南省，而三个省份财政支出的绝对值差距也不大。三个省份在小学教师本科及以上学历占比的乡城比分别是0.81、0.80、0.86，初中教师本科及以上学历占比的乡城比分别是0.96、0.96、0.98，三个省份这两项指标的城乡差距都不大，辽宁和云南总体上的城乡差距还要小于广东省，从绝对值来看，三个省份农村小学教师本科及以上学历占比都在50%以上，初中都在80%以上；城市小学教师本科及以上学历占比均在60%以上，初中均在90%以上，差距也并不明显。由以上分析可知，位居前列的广东省和排名靠后的辽宁省和云南省之间，基本教育类公共服务的城乡差异并不是造成两者之间城乡差距较大的主要原因，至少从选择的这几项指标来看是如此。但是有可能在教学质量、软硬件配套、学习环境等方面存在差距。

表6-4　TOPSIS结果排名前十位的十个样本

省份	年份	正理想解距离 $D+$	负理想解距离 $D-$	相对接近度 C	排序结果
广东	2017	0.288	0.791	0.733	1
广东	2014	0.291	0.790	0.731	2
广东	2016	0.299	0.771	0.721	3
广东	2015	0.317	0.791	0.714	4
广东	2018	0.312	0.748	0.706	5
广东	2019	0.301	0.684	0.694	6

续表

省份	年份	正理想解距离 $D+$	负理想解距离 $D-$	相对接近度 C	排序结果
广东	2020	0.316	0.606	0.657	7
福建	2020	0.661	0.267	0.288	8
江苏	2020	0.688	0.276	0.286	9
广东	2006	0.775	0.304	0.282	10

（2）医疗卫生公共服务

辽宁省主要是农村和城市之间的绝对值相差太大，2020 年农村每千人口医疗卫生机构床位数为 4.41 张，而城市为 11.68 张；广东省农村和城市每千人口医疗卫生机构床位数分别为 3.96 张、6.79 张，都低于辽宁省，但是城乡之间的差距小，因此乡城比分别为 3.66、12.81，要大于辽宁省。类似地，辽宁省农村和城市每千人口卫生技术人员数分别为 3.66 人、12.81 人，乡城比为 0.29，广东省农村和城市每千人口卫生技术人员数分别为 4.71 人、10.86 人，乡城比为 0.43，云南省农村和城市每千人口卫生技术人员数均大于广东，分别为 5.98 人、14.93 人，乡城比为 0.40。三个省份在城乡每千人口执业（助理）医师数这项指标上也存在类似情况，广东省乡低城低，辽宁省乡低城高，云南省城乡均最高，三个省份该项指标的乡城比分别为 0.45、0.32、0.38。由以上分析可知，采用乡城比来测度城乡之间的差距，虽然能够直观反映城乡之间的差异程度，但是忽略了绝对值的影响，有可能城乡居民享受到的公共服务水平均较高，但是由于绝对差距太大，而导致乡城比不高，因此有必要结合各省份原始数据进行具体分析。

（3）社会保障公共服务。广东、辽宁、云南三省的最低生活保障支出水平乡城比差距不大，主要是居民人均转移性收入，无论绝对值还是比值，都存在较大差距（见表 6-5）。广东省农村居民人均转移性收入高于城市居民，而辽宁和云南省则农村低于城市。转移性收入是指国家、单位、社会团体对居民家庭的各种转移支付和居民家庭间的收入转移。包括政府对个人收入转移的离退休金、失业救济金、赔偿等；单位对个人收入转移的辞退金、保险索赔、住房公积金、家庭间的赠送和赡养等。转移性收入高低和地方经济活跃程度、年龄结构、福利状况有关。广东省经济发展状况好，活跃度高，因此城乡居民人均转移性收入都不高。2020 年广东省城镇居民人均转移性收入在 31 个省区中是最低的，农村居民人均转移性收入是城市居民的两倍。辽宁之所以城市居民人均转移性收入较高，可能和人口外流及老龄化趋势明显有关。根据 2020 年人口普查数据，辽宁省 60 岁以上人口占比高达 25. 7%，老龄化程度居全国第一。老龄化扩大了领取养老金的群体，因此居民人均转移性收入占比较高，辽宁省城市居民人均转移性收入占比达到 29. 1%，广东省仅为 4. 3%。

表 6-5　2020 年广东、辽宁、云南社会保障类指标城乡状况

地区	农村最低生活保障支出水平（元/人·年）	城市最低生活保障支出水平（元/人·年）	最低生活保障支出水平乡城比	农村居民人均转移性收入（元）	城市居民人均转移性收入（元）	居民人均转移性收入乡城比
广东	5286. 4	9992	0. 53	4328. 9	2164. 4	2
辽宁	3715. 1	7768	0. 54	2767. 5	11763. 3	0. 31
云南	3614. 5	6696. 8	0. 48	2146. 8	6966. 1	0. 24

（4）基础设施

基础设施方面的城乡差距较大，反映城乡差异的指标中，燃气普及率和人均公园绿地面积的城乡差距在省际之间的差异比较明显，两者的权重都在 20%以上。城乡差距较大的辽宁省燃气普及率乡城比为 0. 15，云南省为 0. 12，广东为 0. 74，仅次于江苏和海南。人均公园绿地面积城乡差距更大，乡城比最高的是福建省，也仅为 0. 48，农村居民享受到的人均公园绿地面积不到城市的一半。辽宁农村人均公园绿地面积仅为城市的 2. 4%，云南为 6%。此外，在人均道路面积方面，乡村基本都超过城市，或者与城市相当，这与国家对乡村道路建设的重视息息相关。从供水普及率来看，大部分省份乡村供水普及率可达到城市的 70% 以上，内蒙古

（68.9%）、青海（67.5%）、辽宁（53.9%）、西藏（43.5%）则在70%以下。综合来看，人均道路面积、供水普及率城乡之间的差异不太明显，但燃气普及率、人均公园绿地面积城乡之间差异普遍较大。

6.3.2 时间序列比较分析

2006—2020年，26个省区城乡基本公共服务相对差异情况出现较大幅度变化。26个省区TOPSIS评价结果排序及变化情况如表6-6所示，由此可知，2006—2020年，有14个省份的排名上升，其中，河南和山东升幅最大，河南省从第26名升至第12名，上升了14位，山东省从第18名升至第7名，上升了11位。其次是海南、四川和湖北，位次分别提升了9位、8位和7位。安徽、广西和湖南排名上升了6位，福建和江苏排名上升了5位。有11个省份排名下降，降幅最大的是辽宁、黑龙江、新疆，降幅都在15个位次以上，其次是贵州和陕西，分别下降了10个位次和9个位次。广东省排名未发生变化，城乡公共服务在26个省区中差异最小。

表6-6 26个省区TOPSIS评价结果排序及变化情况（2006—2020年）

省份	2006年	2020年	变化情况	省份	2006年	2020年	变化情况
安徽	12	6	上升6	江苏	7	2	上升5
福建	8	3	上升5	江西	15	11	上升4
甘肃	21	23	下降2	辽宁	4	24	下降20
广东	1	1	不变	内蒙古	13	15	下降2
广西	10	4	上升6	宁夏	23	21	上升2
贵州	9	19	下降10	青海	24	26	下降2
海南	14	5	上升9	山东	18	7	上升11
河北	17	13	上升4	山西	19	16	上升3
河南	26	12	上升14	陕西	11	20	下降9
黑龙江	3	22	下降19	四川	25	17	上升8
湖北	16	9	上升7	新疆	2	18	下降16
湖南	20	14	上升6	云南	22	25	下降3
吉林	5	10	下降5	浙江	6	8	下降2

排名升幅较大的省份，究竟是哪些基本公共服务的城乡差距缩小了

呢？对河南省的深入研究发现，除每千人口卫生技术人员数和每千人口执业（助理）医师数的乡城比有小幅下降外，其余13项指标的乡城比都出现了上升趋势。其中，人均道路面积、居民人均转移性收入、小学教师本科及以上学历占比、初中教师本科及以上学历占比、每万名小学生拥有教师数、最低生活保障金人均支出这6项指标乡城比的增幅都在0.3以上，尤其是人均道路面积和居民人均转移性收入，增幅分别达到了0.63和0.62。2006年河南省农村和城市的人均道路面积分别是7.1平方米和10平方米，乡城比为0.71，城市比农村多2.9平方米；2020年农村和城市分别达到了20.46平方米和15.32平方米，农村增幅明显，人均道路面积超过了城市约5平方米。2006年河南省农村居民人均转移性收入仅为89.66元，而城市为2577.6元，比农村高出2488元，是农村的28倍；2020年农村居民人均转移性收入达到了4541.9元，城市居民也升至6947.3元，乡城比从0.03提升至0.65。同时，城乡居民人均转移性收入的绝对差距也呈下降趋势，差额由2488元降至2405元。

排名升幅位居第二的山东省城乡差异缩小的主要项目与河南省有所不同。山东省每万名初中生拥有教师数、人均公园绿地面积、人均道路面积3项指标的乡城比有小幅下降，说明农村和城市在这3项公共服务上的相对差距扩大。但是，其余12项指标的乡城比都是上升的，所以总体上山东省综合排名也出现了较大幅度上升。其中，小学教师本科及以上学历占比、燃气普及率、初中教师本科及以上学历占比、居民人均转移性收入这4项指标的乡城比增幅均在0.3以上。从教师学历占比来看，2006年，山东省农村小学本科及以上教师所占比例为7.5%，城市也仅为23.6%，两者相差16.1个百分点，农村仅约为城市的1/3。2020年，该指标无论乡村还是城市都有较大幅度提升，农村升至61.8%，城市升至78.4%，两者仍相差16.6个百分点，但是乡城比已经达到了0.79，说明在小学教师学历水平方面，乡村和城市的相对差距大幅缩小了。初中教师本科及以上学历占比在农村和城市之间的差距有类似变化趋势，乡城比由2006年的0.60升至2020年的0.95，农村初中教师本科及以上学历占比和城市基本持平，并且绝对差距也呈缩小趋势，城市高出农村由2006年的17.5个百分点减至2020年的4.2个百分点。就燃气普及率来看，10多年来，山东省农村燃气普及率大幅提升，大大缩小了城乡之间的差距。农村燃气普及率由2006年的16.4%提升至2020年的53.8%，与城市的差距也由78个百分点降至45个百分点，乡城比由0.17升至0.54，无论绝对差距还是相对差距都有明显下降。就居民人均转移性收入来看，城乡之间的相对差距大幅缩小，乡城比由2006年的0.08升至2020年的0.39，但是绝对差距明显增加，2006年城市居民人均转移性收入高出农村1843元，2020年该差额增至4004元。

通过分析发现，河南和山东两个省份城乡基本公共服务差距总体上缩小，共同点在于，两个省份农村学校高学历教师以及国家对农村的转移性支付都呈明显的增加趋势，一方面和就业形势有关，河南和山东都是人口大省，大学生数量较多，到农村任教也是就业的一个重要选择，另一方面得益于国家精准扶贫、乡村振兴战略的实施，对农村的支持力度不断加大。

虽然河南和山东两省的城乡基本公共服务差距缩小最为明显，排名上升幅度最大，但是和稳居第一的广东省相比，差距又表现在哪里呢？以广东为参照，找出缩小城乡差距的空间，有助于两省进一步推进城乡基本公共服务水平均等化。由表6-7可知，同广东省相比，河南和山东两省在居民人均转移性收入、燃气普及率、人均道路面积、人均公园绿地面积方面仍然有较大的缩小城乡差距的空间。包括河南和山东在内的26个省区，居民人均转移性收入乡城比均小于1，而广东省农村居民人均转移性收入是城市的2倍。并且单从绝对数来看，广东省2020年城市居民人均转移性收入为2164.4元，在26个省区中最低，而农村居民人均转移性收入则仅次于江苏和河南，位居第三位。这和广东省内经济发展活力相关，在弥补这方面不足时，更多的应该是刺激本地市场活力，大力发展经济。河南、山东、广东的农村燃气普及率分别为26.83%、53.84%、73.55%，同广东省相比，河南、山东两省，尤其是河南在通过提升农村燃气普及率缩小城乡差距，促进城乡基本公共服务均等化上还有很大发展空间。虽然河南和山东两省人均道路面积的乡城比均低于广东省，但两省农村人均道路面积和广东省基本相当，三个省份分别为19.53平方米、20.46平方米、24.5平方米，而城市人均道路面积分别为25.64平方米、15.32平方米、13.26平方米，广东省乡城比较高的主要原因是城市人均道路面积较低，在26个省区中排在最后一位，可能和广东省人口密度大、城镇集中连片大面积分布有关，因此，仅和广东省比较，河南和山东两省在城市和乡村道路建设方面的成绩还是值得肯定的。从人均公园绿地来看，河南和山东两省乡城比低于广东，主要是两省农村绿地建设滞后于广东省，三个省份农村人均公园绿地面积分别为2.68平方米、2.07平方米、4.83平方米，而城市人均公园绿地面积基本相当，因此，河南和山东着重提升农村绿地建设，是促进环境公共服务城乡均等化的主要途径之一。

表6-7　河南、山东与广东省各项指标乡城比的比较

指标	河南		山东		广东	
	2006年	2020年	2006年	2020年	2006年	2020年
每万名小学生拥有教师数	0.96	1.34	1.12	1.17	0.84	1.28
每万名初中生拥有教师数	0.95	1.17	1.04	1.02	0.93	1.12
小学生均预算内财政支出	0.77	0.93	0.90	0.92	0.60	0.82
初中生均预算内财政支出	0.84	0.89	0.91	0.96	0.65	0.78
小学教师本科及以上学历占比	0.27	0.82	0.32	0.79	0.24	0.81
初中教师本科及以上学历占比	0.54	0.95	0.60	0.95	0.57	0.96
每千人口医疗卫生机构床位数	0.34	0.38	0.45	0.60	0.35	0.58
每千人口卫生技术人员数	0.41	0.31	0.51	0.52	0.38	0.43
每千人口执业（助理）医师数	0.38	0.34	0.50	0.56	0.38	0.45
最低生活保障金人均支出	0.24	0.57	0.37	0.59	0.37	0.53
居民人均转移性收入	0.03	0.65	0.08	0.39	0.09	2.00
供水普及率	0.60	0.85	0.83	0.93	1.31	0.95
燃气普及率	0.005	0.28	0.17	0.54	0.34	0.74
人均道路面积	0.71	1.34	1.21	0.76	5.95	1.85
人均公园绿地面积	0.03	0.14	0.31	0.15	0.35	0.27

除以上四个公共服务项目外，河南省在每千人口医疗卫生机构床位数、每千人口卫生技术人员数、每千人口执业（助理）医师数、供水普及率上的乡城比也和广东省有一定差距。追溯原始数据发现，河南省每千人口医疗卫生机构床位数无论农村还是城市都高于广东省，每千人口执业（助理）医师数农村略低于广东省，但城市高于广东省，造成了乡城比同广东省有了0.11的差距，每千人口卫生技术人员数的差异也存在类似特征。供水普及率方面，两省城市基本相当，但河南省农村比广东省农村低了约10个百分点，造成供水普及率的乡城比比广东低了大约0.1。

综合以上分析，根据城乡基本公共服务均等化测度的排序结果，河南和山东排序提升最快，说明同其他样本省份相比，两省城乡基本公共服务均等化程度正快速提升。如表6-7所示，河南省排名上升的主要因素是在小学和初中教师受教育水平、居民人均转移性收入、最低生活保障金人均支出、城乡道路建设等方面的城乡差距有很大程度的缩小，山东省主要得益于小学和初中教师受教育水平、居民人均转移性收入和燃气普及率方面的城乡差距大幅缩小。同一直稳居第一的广东省相比，河南省和山东省需通过提升乡村燃气普及率、推进乡村公园绿地建设进一步推进城乡基本公共服务均等化，并且河南省还需要在推进乡村供水普及率上多下功夫。

排名降幅最大的辽宁和黑龙江两省，在基本公共服务城乡差异方面发生的变化比较类似，单从乡城比来看，主要是医疗卫生和基础设施方面城乡差距有所扩大，15项指标中每千人口医疗卫生机构医疗床位数、每千人口卫生技术人员数、每千人口执业（助理）医师数、燃气普及率、人均道路面积这5项指标的乡城比都有不同程度的下降。如表6-8所示，辽宁人均道路面积的乡城比下降幅度最大，由2006年的3.09降至2020年的1.46，乡村人均道路面积基本保持不变，主要是城市人均道路面积有较大增加。而每千人口医疗卫生机构床位数、每千人口卫生技术人员数、每千人口执业（助理）医师数，无论城市和乡村，绝对数都有所增加，只不过城市增加幅度明显快于乡村，导致2020年乡城比出现下降趋势。除人均道路面积外，其他乡城比下降的4项指标城乡之间的绝对差距也呈增大趋势。

黑龙江省人均道路面积也是乡村基本保持不变，主要是城市增幅较大，因此该项指标的乡城比有较大幅度下降。其余乡城比下降的4项指标城市和乡村均有所增加，但是城市增加幅度明显快于乡村，因此乡城比出现下降趋势，并且黑龙江省的绝对差距明显大于辽宁省。2006年，两省医疗卫生方面基本公共服务的乡城比均高于全国平均水平，2020年，包括燃气普及率在内的4项指标的乡城比均低于全国平均水平（见表6-8）。两省和广东省相比，差距主要集中在医疗卫生、社会保障、基础设施三个方面，反映这三个方面的9项指标大部分乡城比均低于广东省。

表6-8 辽宁、黑龙江乡城比变化情况及与全国和广东的比较

指标	辽宁		黑龙江		广东		全国	
	2006年	2020年	2006年	2020年	2006年	2020年	2006年	2020年
每万名小学生拥有教师数	1.17	1.62	1.37	2.09	0.84	1.28	0.99	1.29
每万名初中生拥有教师数	0.92	1.16	0.87	1.31	0.93	1.12	0.96	1.12
小学生均预算内财政支出	0.92	1.11	1.08	1.21	0.60	0.82	0.75	0.94
初中生均预算内财政支出	0.71	0.89	0.70	1.08	0.65	0.78	0.76	0.90
小学教师本科及以上学历占比	0.18	0.80	0.30	0.74	0.24	0.81	0.29	0.75
初中教师本科及以上学历占比	0.32	0.96	0.58	0.92	0.57	0.96	0.55	0.92
每千人口医疗卫生机构床位数	0.41	0.38	0.43	0.37	0.35	0.58	0.40	0.56
每千人口卫生技术人员数	0.43	0.29	0.57	0.41	0.38	0.43	0.42	0.45
每千人口执业（助理）医师数	0.46	0.32	0.60	0.46	0.38	0.45	0.44	0.48
最低生活保障金支出水平	0.36	0.48	0.25	0.45	0.37	0.53	0.28	0.59
居民人均转移性收入	0.06	0.24	0.09	0.39	0.09	2.00	0.06	0.45
供水普及率	0.39	0.54	0.83	0.89	1.31	0.95	0.73	0.85
燃气普及率	0.15	0.15	0.18	0.09	0.34	0.74	0.21	0.32
人均道路面积	3.09	1.46	3.16	1.52	5.95	1.85	1.33	1.19
人均公园绿地面积	0.10	0.02	0.04	0.05	0.35	0.27	0.10	0.12

6.3.3 横截面数据比较分析

对26个省区2020年城乡基本公共服务差异状况进行细致分析，发现城乡差异呈现明显的区域格局。如表6-9所示，由TOPSIS评价结果可知，

排名前8位的省区（以下简称城乡差异较小省区）仅安徽属中部地区，其余7个省区均位于东部地区。排名居中的8个省区中（以下简称城乡差异居中省区），排在第13位的河北省属于东部地区，其余7个省区属于中部地区。排名靠后的10个省区（以下简称城乡差异较大省区），除了黑龙江和辽宁，其余8个省区均位于西部地区。以下对基本公共服务内容进行逐项分析，以期发现造成当前省份和区域之间城乡基本公共服务差异的短板所在。

表6-9 2020年城乡基本公共服务差异TOPSIS评价结果

省区	相对接近度 C	排序结果	省区	相对接近度 C	排序结果
广东	0. 754	1	湖南	0. 248	14
江苏	0. 569	2	内蒙古	0. 189	15
福建	0. 551	3	山西	0. 168	16
广西	0. 412	4	四川	0. 167	17
海南	0. 392	5	新疆	0. 135	18
安徽	0. 343	6	贵州	0. 129	19
山东	0. 337	7	陕西	0. 128	20
浙江	0. 326	8	宁夏	0. 116	21
湖北	0. 306	9	黑龙江	0. 115	22
吉林	0. 294	10	甘肃	0. 098	23
江西	0. 268	11	辽宁	0. 096	24
河南	0. 263	12	云南	0. 094	25
河北	0. 257	13	青海	0. 06	26

从基本教育公共服务城乡差异来看，26个省区该类别下6项指标的乡城比差距并不是特别明显，其中，每万名小学生和每万名初中生拥有教师数2项指标的乡城比，位居第一的广东仅分别高出排名最后的青海0. 13和0. 03。并且，城乡差异较大省区乡村每万名小学生和每万名初中生拥有教师数普遍高于城乡差异较小省区，而城市每万名小学生和每万名初中生拥有教师数三类省区差异并不大，每万名小学生拥有教师数大多在500~600人之间，原因还在于乡村小学规模小，分布较分散，使教师资源无法充分被利用，而城市学生分布集中，学校规模相对较大，能够充分利用教师资源，提高教学效率。小学与初中生均预算内财政支出的乡城比，广东低于

青海，且青海省这两项支出都是乡村多于城市，乡城比大于 1，分别是 1.11 和 1.01，广东省则乡村略低于城市，乡城比分别是 0.82 和 0.78。进一步挖掘乡城比数据发现，就小学生均预算内财政支出乡城比的平均值来看，城乡差异较小省区低于城乡差异居中省区，而城乡差异居中省区低于城乡差异较大省区。如图 6-1 所示，从绝对支出来看，广东省乡村小学生均预算内财政支出超过 1 万元，城市大约 1.2 万元，青海省乡村则达到 1.6 万元，城市约 1.4 万元。除广西、安徽、山东、江西、河南、河北、湖南 7 省区外，其余省区乡村小学生均预算内财政支出都高于 1 万元，特别是排名靠后的 10 个省份小学生均预算内财政支出都在 1 万元以上。城市小学生均预算内财政支出也有类似情况，上述 7 个省区依然低于 1 万元，此外，辽宁也低于 1 万元。并且，无论乡村还是城市，小学生均预算内财政支出均呈现城乡差异较大省区>城乡差异较小省区>城乡差异居中省区。一般来讲，城乡差异较大省区同其他省区相比，城乡支出绝对和相对差异都会比较大，但是，统计数据却发现事实并非如此。一方面，当前城乡教育资源，在中央和地方政府力所能及的范围内，已经给予乡村诸多财政支持，城乡教育财政投入的差距并非造成城乡基本公共服务差异的主要诱因，更多的可能是教育质量的差异；另一方面，在进行城乡差异测度时，考虑多类别基本公共服务，并且也考虑了权重因素，说明当前城乡差异除了可能的教育质量外，较大程度是由其他类基本公共服务的差异导致的。

针对上述推测中的教育质量差异，指标体系中涉及小学及初中教师本科及以上学历占比 2 项指标，通过分析发现，城乡差异较小省区确实在小学教师本科及以上学历占比、初中教师本科及以上学历占比 2 项指标上，要高于城乡差异居中及城乡差异较大的省区。如图 6-2 所示，城乡差异最小的广东和江苏两省，小学教师本科及以上学历占比乡城比分别是 0.81、0.97，初中教师本科及以上学历占比乡城比分别是 0.96、0.97，也就是说，仅就可量化的教师学历来看，广东和江苏两省乡村学校和城市学校中高学历教师所占比例基本相当，尤其是初中，乡村和城市学校中本科及以上学历教师占比基本持平。但是，就目前就业形势来看，一些大城市的初

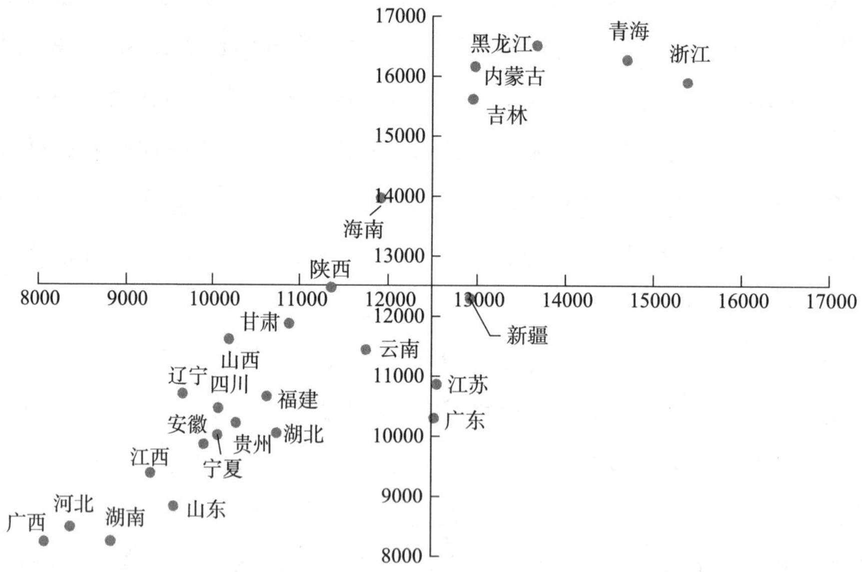

图 6-1　小学生均预算内财政支出（单位：元/生，横轴表示城市，纵轴表示乡村）

中甚至小学新进教师都是研究生以上学历，这一比例暂时不能从当前统计指标中细分出来。进一步分析发现，无论城市还是乡村，小学教师本科及以上学历占比和初中教师本科及以上学历占比，城乡差异较小省区均高于其他两类省区，尤其是城市地区，比如，城乡差异较小省区城市初中本科及以上教师占比平均为 90.3%，而城乡差异居中省区及城乡差异较大省区分别为 85.3%和 88.3%。说明城乡教育类基本公共服务差异，当前阶段可能主要还是教育质量的差异。除此之外，家庭教育、生活和学习环境等在当前及今后一段时期，将是影响城乡教育差异的主要因素。同家庭教育、生活和学习环境相比，教育类基本公共服务能够在多大程度上缓解城乡教育差异，也是值得商榷的议题。

从基本医疗公共服务城乡差异来看，26 个省区该类别下 3 项指标的乡城比有一定差距。每千人口医疗卫生机构床位数乡城比显示，比值最大的吉林省是比值最小的黑龙江省的 2 倍，究其原因主要是两省城市每千人口医疗卫生机构床位数差距过大，吉林和黑龙江乡村每千人口医疗卫生机构床位数分别是 5.41 张和 4.54 张，基本相当；但是黑龙江省城市每千人口

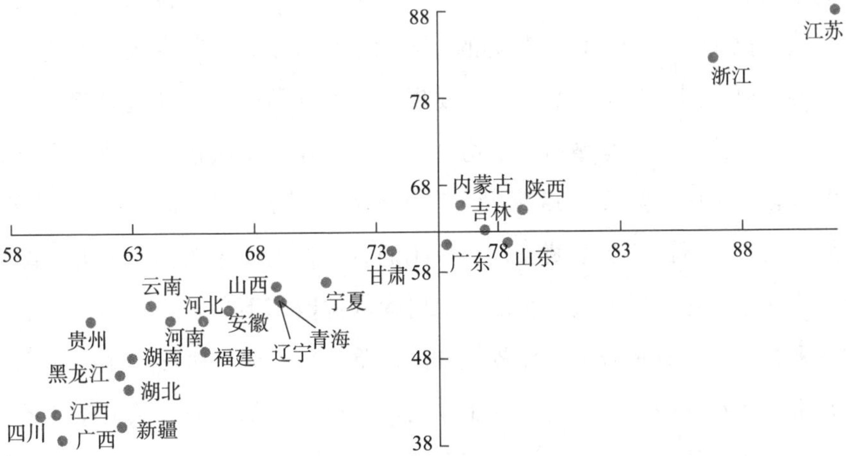

（a）小学

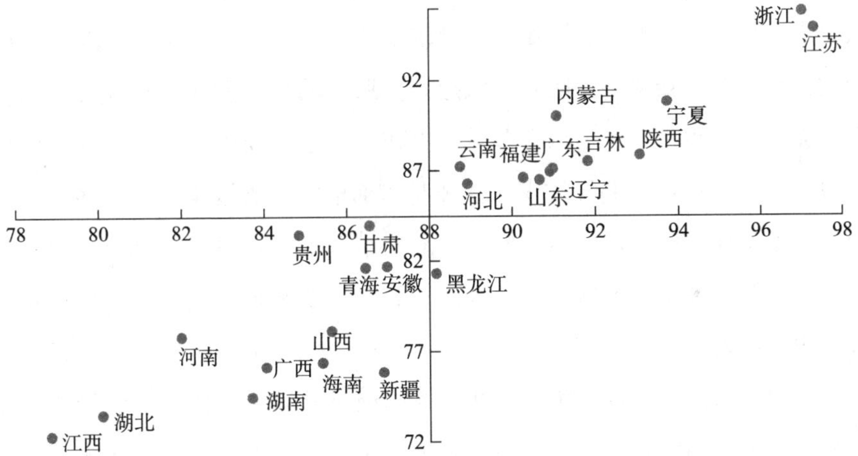

（b）初中

图 6-2　小学及初中教师本科及以上学历占比（单位:%，横轴表示城市，纵轴表示乡村）

医疗卫生机构床位数达到 12. 13 张，远高于吉林省的 7. 32 张，由此导致黑龙江城乡差异显著，乡城比仅为 0. 37。这与黑龙江省城市常住人口流失有关。2010 年以来黑龙江省城市常住人口总体上呈下降趋势，加之城市医疗公共服务供给增加，因此城市每千人口医疗卫生机构床位数增速明显，从 2010 年的 6. 3 张增至 2020 年的 12. 13 张，10 年间增长了近一倍。进一步分析三类省区数据发现，城乡差异较小省区 3 项指标乡城比的平均值均小于其他两类省区（见表6-10），说明城乡医疗卫生机构床位数、卫生技术人员数、执业（助理）医师数等的差异确实是造成城乡基本医疗公共服务差异的主要原因。从绝对数来看，发现城乡差异居中和城乡差异较大的两类省区，无论乡村还是城市，平均每千人口医疗卫生机构床位数均多于城乡差异较小省区。如图6-3所示，除海南外，广东、江苏、福建、广西、安徽、山东、浙江这7个城乡差异较小的省区，均位于图标左下方，即无论城市还是乡村，每千人口医疗卫生机构床位数都不高。位于图标右上方的新疆和云南，属于城乡差异较大省区，单就每千人口医疗卫生机构床位数来讲，两省区城乡都较高，可能该项指标对城乡基本公共服务整体差异的贡献度并不是很高。进一步分析发现，城乡差异居中和城乡差异较大省区的乡村每千人口卫生技术人员数均小于城乡差异较小省区，而城市每千人口卫生技术人员数均大于城乡差异较小省区，每千人口执业（助理）医师数也呈该差异趋势。说明基本医疗公共服务的城乡差异，从硬件投入来看，无论城市还是乡村，城乡差异居中和城乡差异较大省区（主要是中西部地区）并不比城乡差异较小（主要是东部地区）省区少，甚至多于东部地区；但是在高质量从业人员方面，显然东部地区乡村更具优势，也就是说，城乡差异较小省区即东部地区由于经济发展水平较高，乡村条件普遍好于中西部地区，对高技术人员有一定吸引力，而中西部地区则有所欠缺，因此可以认为，基本医疗公共服务的绝对差异主要体现在供给质量的差异上，单纯的财政投入对于缩小这种差距可能潜力并没有那么大，怎样吸引人才到中西部地区的农村去，才是政策制定的关键所在。

表6-10　三类省区基本公共服务类指标比较

三类省区	医疗卫生机构床位数（张）		卫生技术人员数（人）		执业（助理）医师数（人）	
	乡村	城市	乡村	城市	乡村	城市
差异较小	4.65	8.24	5.52	11.44	2.20	4.26
差异居中	4.91	9.84	5.09	11.86	2.15	4.39
差异较大	5.28	10.11	5.47	12.24	1.99	4.42

注：3项指标均指“每千人口”所有的数量；乡村、城市都是采用的各类省区的平均值表示该类省区相应指标大小。

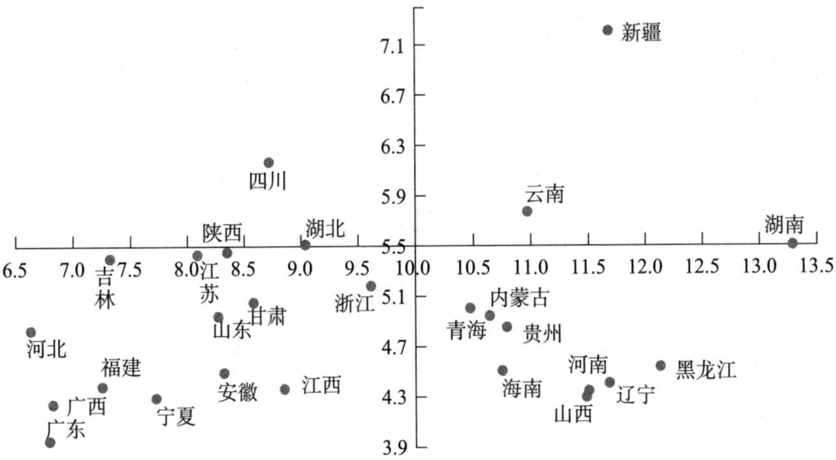

图 6-3　每千人口医疗卫生机构床位数（单位：张，横轴表示城市，纵轴表示乡村）

从基本社会保障差异来看，26 个省区该类别下 2 项指标的城乡差异较为显著。城乡差异较小省区 2 项指标的乡城比普遍高于其他两类省区。其中，城乡差异较小省区最低生活保障人均支出乡城比的均值达到 0.67，而城乡差异居中和城乡差异较大两类省区分别为 0.60 和 0.57，相对差异较为明显。并且，从绝对差距来看，无论城市还是乡村，城乡差异较小省区最低生活保障金人均支出的平均值均大于其他两类省区，其中，农村最低生活保障金人均支出高出城乡差异较大省区约 1653 元，城市则高出约 1353 元（见表 6-11、图 6-4）。从人均转移性收入来看，三类省区乡城比平均值分别是 0.71、0.46、0.39，说明对于城乡总体差异来讲，人均转移性收入在城乡之间的差异所占份额较大，对于差异的贡献较多，也间接说明了该项指标权重较大的原因。进一步分析发现，只有广东省居民人均转移性收入的乡城比大于 1，达到 2，农村居民人均转移性收入是城市的两倍，江苏、福建、广西、安徽、河南、内蒙古乡城比在 0.5~1，其余 19 个省区均低于 0.5（见图6-5）。

表 6-11　三类省区基本社会保障指标平均值比较

三类省区	最低生活保障金人均支出（元/年）		居民人均转移性收入（元）	
	乡村	城市	乡村	城市
差异较小	5390	7995	3837	6745
差异居中	3813	6391	3534	7859
差异较大	3737	6642	3142	8186

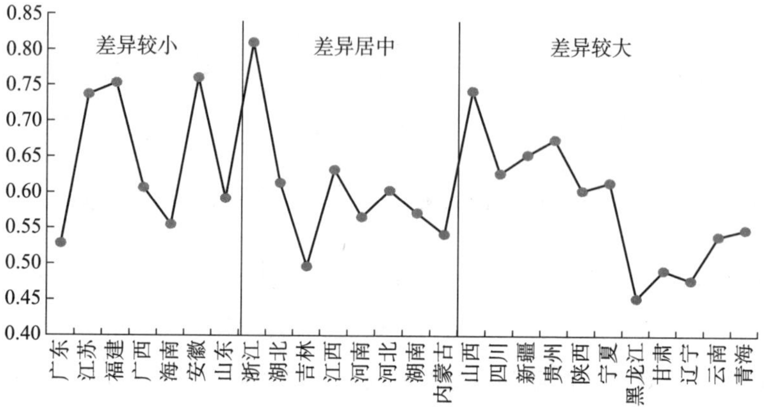

图 6-4　26 个省区 2020 年最低生活保障金人均支出乡城比

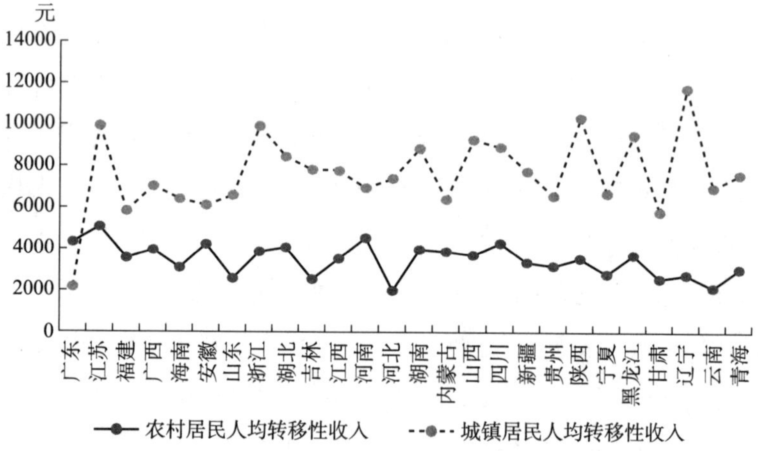

图 6-5　26 个省区 2020 年城乡居民人均转移性收入比较

从城乡基础设施差异来看，4 项指标的差异呈现不同特征。供水普及率的城乡差异不大，如图 6-6 所示，大部分省份城乡供水普及率都比较高，城市都在98%以上，乡村也不低于80%，辽宁省乡村供水普及率较低，不到60%。受人口密度和空间尺度的影响，各省份城乡人均道路面积数据分布较为分散，部分省份乡村人均道路面积超过城市，如图6-7所示。城乡之间在燃气普及率和人均公园绿地面积上的差异非常显著。如图6-8所示，城乡基本公共服务总体水平差异较小的东部地区燃气普及率乡城比明显高于差异较大的中西部地区，东部地区乡村燃气普及率平均达到了63.88%，而差异较大的中西部地区分别为33.34%和12.45%，相应城市燃气普及率则均在90%以上。就绝对值来讲，26个省区基本上可划分为“城高乡高，城高乡低，城低乡低”三种状态，如图6-9所示，城市基本接近100%，即使燃气普及率不高的省份，也在90%以上，但乡村燃气普及率差异较大，从青海的2.98%到江苏的96.85%，并且多数省份都在50%以下，燃气普及率普遍偏低。城市人均公园绿地面积差别也不大，三类省区人均公园绿地面积均值都在14~15平方米，而乡村人均公园绿地面积差距较大，东部地区乡村人均公园绿地面积的均值是中部地区的两倍多，是西部地区的五倍多，并且，多数省份乡村人均公园绿地面积都在3平方米以下，如图6-10所示。因此，燃气普及率和人均公园绿地面积仍然是乡村非常明显的短板。

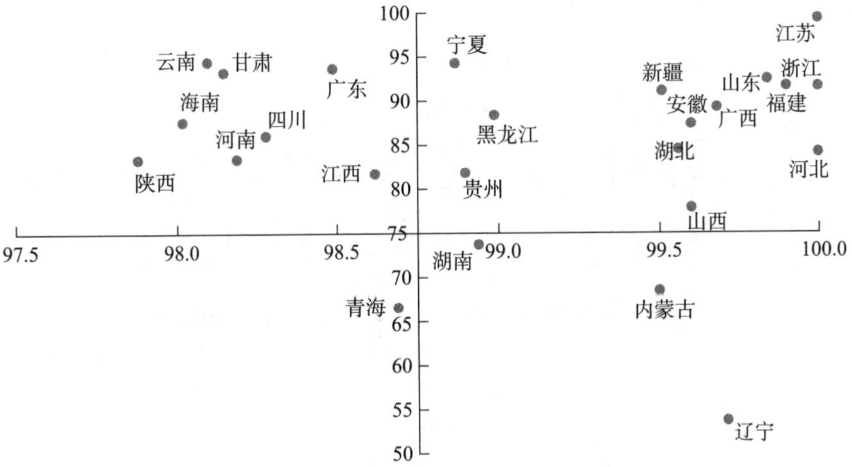

图6-6　供水普及率（单位:%，横轴表示城市，纵轴表示乡村）

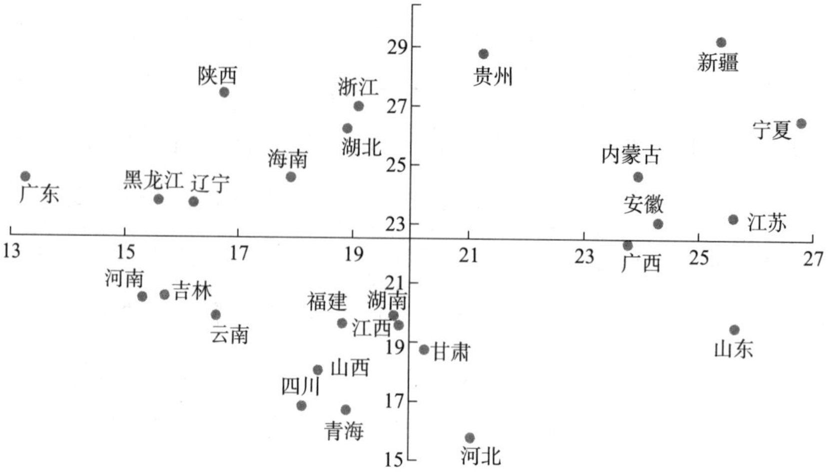

图 6-7　人均道路面积（单位：平方米，横轴表示城市，纵轴表示乡村）

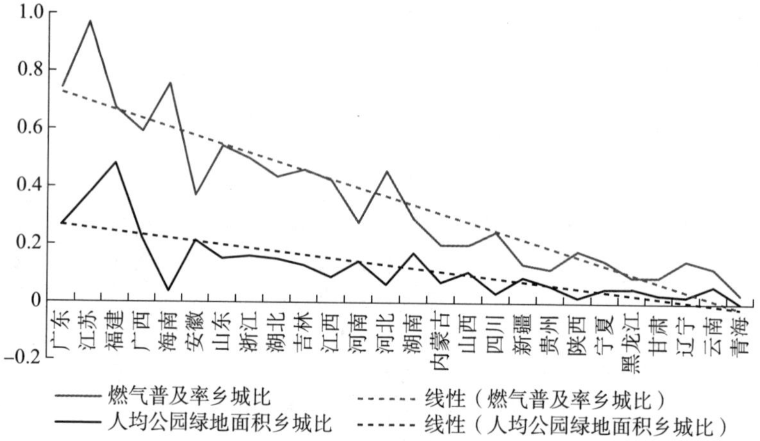

图 6-8　26 个省区 2020 年燃气普及率和人均公园绿地面积乡城比

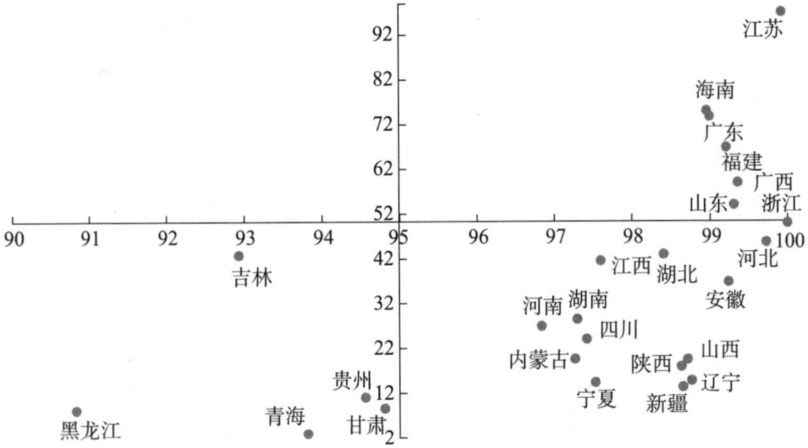

图 6-9 燃气普及率（单位:%，横轴表示城市，纵轴表示乡村）

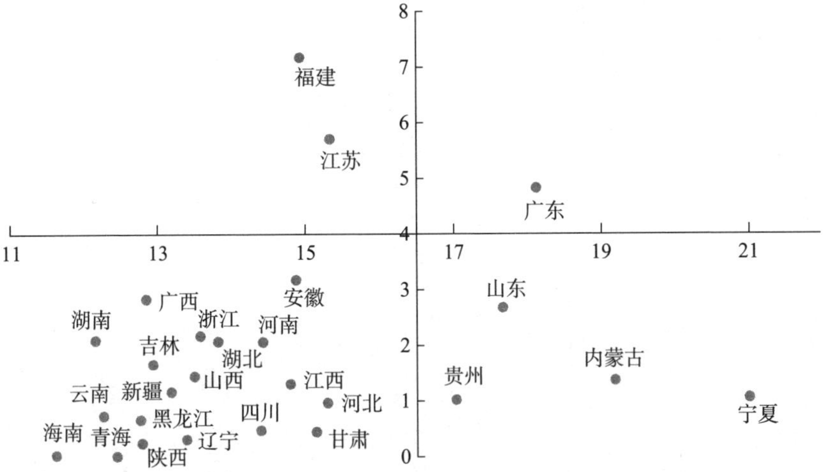

图 6-10 人均公园绿地面积（单位：平方米，横轴表示城市，纵轴表示乡村）

7

中国城乡基本公共服务均等化的收入效应

7.1　城乡收入差距现实情况

2000 年以来，我国城乡居民收入均有大幅增长，其中，城市居民人均可支配收入由 6256 元增至 51821 元，年均增幅达到 9.6%，农村居民人均可支配收入由 2282 元增至 21691 元，年均增幅超过 10%，略高于城市居民增幅。也就是说，农村居民人均可支配收入的增长速度快于城市居民。但是，城乡居民收入的绝对差距仍然呈增大趋势（见图 7-1），截至 2023 年，城市居民人均可支配收入是农村居民的 2.39 倍，比农村居民多 30130 元。城乡居民收入的相对差距先上升后下降，城乡收入比呈倒“U”形变化趋势，由 2000 年的 2.74 增至 2007 年的最高值 3.14 后，又降至 2023 年的 2.39（见图 7-2）。经济发展过程中，城市居民收入高于农村居民是一个普遍现象，随着经济的进一步发展，城乡居民收入差距会逐渐缩小，农村居民收入趋向于与城市居民相等，甚至可能向超过城市居民收入的方向演化[180]。同时，我国城乡居民收入相对差距自 2007 年以来一直呈下降趋势，城乡收入差距进一步缩小。

城乡居民可支配收入在省域间有明显差异（见图 7-3）。对中国 31 个省（区、市）城乡收入情况进行统计分析发现，城乡居民可支配收入的绝对差距最大的前十个省（区、市）分别是北京、上海、浙江、广东、江苏、西藏、福建、湖南、贵州、山东，有 7 个位于东部地区；差距居中的十个省（区、市）分别是陕西、内蒙古、云南、甘肃、重庆、安徽、四川、青海、宁夏、天津，除天津外，全部位于中西部地区；差距较小的 11 个省（区、市）分别是辽宁、江西、湖北、山西、河北、广西、新疆、

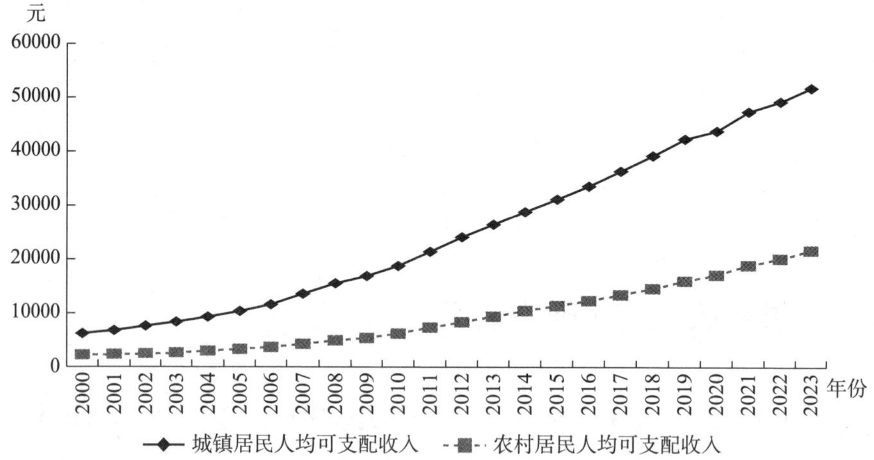

图 7-1　2000 年以来城乡居民收入演变情况

资料来源：《中国统计年鉴 2023》《2023 年国民经济和社会发展统计公报》。

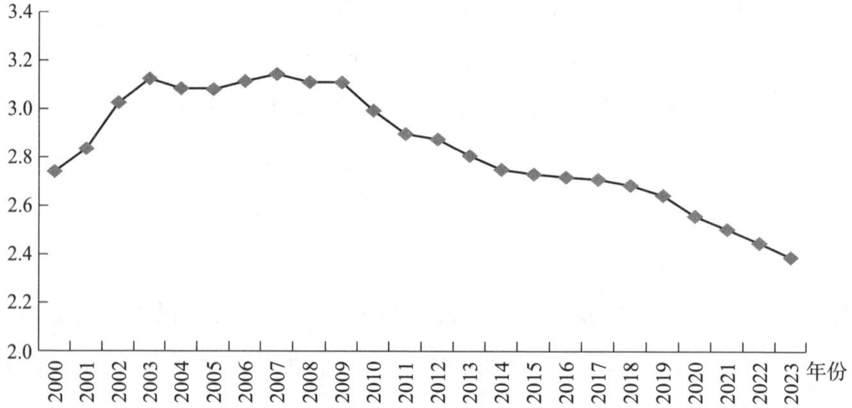

图 7-2　2000 年以来中国城乡收入比变化趋势

资料来源：由《中国统计年鉴 2023》《2023 年国民经济和社会发展统计公报》提供的数据计算得来。

海南、河南、吉林、黑龙江，除河北和海南外，其他都位于中西部地区。东部地区经济发展水平普遍较高，城乡居民收入也普遍高于中西部地区。如表 7-1 所示，东部地区 12 个省（区、市）城市居民人均可支配收入的平均值为 59349 元，分别高于中部、西部地区 16500 元、15031 元，相应

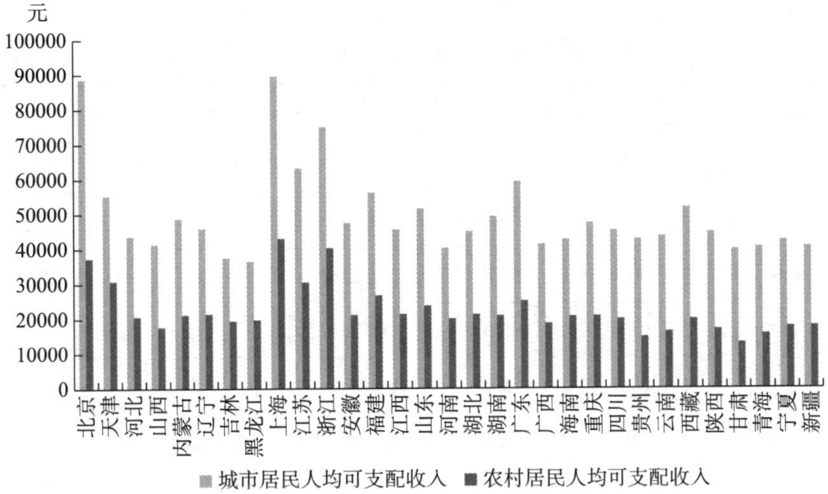

图 7-3 2023 年部分省（区、市）城乡居民人均可支配收入情况

资料来源：根据 EPS 数据平台中的中国宏观经济数据库提供的数据绘制。

农村居民人均可支配收入分别高于中部、西部地区 8055 元和 10575 元。

表 7-1 2023 年东部、中部、西部地区城乡居民收入均值

三大地区	城市居民人均可支配收入（元）	农村居民人均可支配收入（元）
东部地区	59349	28264
中部地区	42849	20209
西部地区	44318	17689

然而，城乡收入相对差距却呈现不同发展态势。由城乡收入比可知，如表 7-2 所示，相对差距较大的省份多位于中西部地区。比值最高的前十个省（区、市）分别是甘肃、贵州、云南、陕西、西藏、青海、宁夏、北京、广东、湖南，其中有 8 个位于中西部地区；比值居中的十个省（区、市）分别是山西、内蒙古、重庆、四川、新疆、安徽、广西、山东、辽宁、江西，也有 7 个属于中西部地区；而比值较低的省（区、市）分别是湖北、河北、福建、上海、江苏、海南、河南、吉林、浙江、黑龙江、天津，除湖北、河南、黑龙江外，均位于东部地区。由此可见，目前发展阶

段下，经济发展水平越高，城乡收入绝对差距越大，相对差距越小。

表 7-2　2023 年中国 31 个省（区、市）城乡收入比

地区	城乡收入比	地区	城乡收入比	地区	城乡收入比
甘肃	3. 0334	山西	2. 3380	湖北	2. 1128
贵州	2. 8867	内蒙古	2. 2938	河北	2. 1089
云南	2. 6626	重庆	2. 2784	福建	2. 1014
陕西	2. 6314	四川	2. 2639	上海	2. 0814
西藏	2. 6049	新疆	2. 2609	江苏	2. 0733
青海	2. 5880	安徽	2. 2440	海南	2. 0601
宁夏	2. 3855	广西	2. 2131	河南	2. 0064
北京	2. 3730	山东	2. 1690	吉林	1. 9260
广东	2. 3589	辽宁	2. 1364	浙江	1. 8605
湖南	2. 3537	江西	2. 1328	黑龙江	1. 8471
				天津	1. 7943

7. 2　基本公共服务影响收入差距的理论解释

改革开放后较长一段时期内，国家发展战略和地方财政支出都具有明显的城市发展偏向，这也造成了城乡基本公共服务差距较大，主要体现在基础教育、医疗卫生、社会保障、基础设施建设等方面，而这些方面是人力资本积累和经济发展的基础[67]。那么，城乡基本公共服务差距的存在，意味着城市居民相较于农村居民，在人力资本积累和谋求经济发展方面具有相对优势，而农村居民处于明显劣势。一方面，基本公共服务通过转移性支付直接影响居民收入差距，而“城市偏向”的转移支付安排造成同等要素投入条件下，城市居民获取的收入远高于农村居民；另一方面，基本公共服务通过基础教育、医疗卫生、社会保障、基础设施等数量和质量上

的差异，影响公共服务供给效率，使得城乡居民在成本投入、收益回报方面形成差异。城乡基本公共服务差异成为影响城乡收入差距的重要因素[113]。

公共教育供给通过影响人力资本积累进而影响收入差距。众所周知，工资性收入在个人收入中占较大比重，而工资性收入与受教育程度密切相关。一般来讲，受教育程度越高，工资性收入也越高。公共教育投入的扩大有利于教育机会均等，而均等的教育机会能缩小城乡收入差距。但是，教育的不平等会加剧收入的不平等，而教育投入的区域差异则会直接造成教育机会的不公平，进而拉大城乡收入差距[181]。那么，群体之间或地区之间不均等的教育资源供给显然会成为影响个体收入和区域差异的重要因素。由于城市偏向的公共服务供给导向，好的教育资源通常集中于城市地区。近年来国家加大了对农村地区的教育支持力度，比如，2020 年农村小学和初中生均预算内财政支出分别是 10209. 41 元和 14066. 69 元，城市分别是 10879. 34 元和 15711. 53 元，投入基本相当。而 1997 年城市小学生均预算内财政支出是乡村的 1. 74 倍，城市初中生均预算内财政支出是乡村的 1. 64 倍。目前，城乡在教育质量上仍然存在较大差距。有研究表明，提升基本公共服务质量，可以间接提升人力资本与城镇化比例来缩小城乡收入差距，并且随着人力资本水平的提升和城镇化比例的提高，公共服务质量的收入再分配效应会增强[182]。

城乡基本医疗卫生差距直接影响城乡居民的健康和人力资本的形成[67]。基本医疗卫生状况与居民健康水平密切相关。根据人力资本理论，健康水平是人力资本的重要组成部分，具有健康的身体状况，个体就能够积极参与工作，并且有更多精力投入到工作中，进而完成人力资本积累，而居民的健康水平会对居民的劳动生产效率产生正向影响。居民健康程度越高，当地的平均劳动生产效率也会越高，也会带来较高的收入水平。我国城乡之间基本医疗卫生公共服务，无论供给数量还是供给质量都存在明显差距，乡村医疗卫生水平明显低于城市。2021 年，城市每千人口医疗卫生机构床位数和卫生技术人员数分别是 7. 47 张和 9. 87 人，而农村分别是

6.01 张和 6.27 人。

社会保障是调节收入差距的必要手段，其对收入分配的调节主要通过财政转移支付以及社会保险基金征缴和给付的方式实现[119]，这种转移支付具有明显的再分配功能，城乡之间社会保障支出的差异对于城乡收入差距的形成有一定的影响[115]。发达国家的经验表明，完善的社会保障体系对于缩小城乡收入差距具有显著的调节作用。通常而言，社会保障覆盖的面越广，对收入的调节作用就越明显；覆盖面越窄，对收入的调节作用就越不明显。由于城市偏向的经济发展导向和户籍制度限制，我国社会保障制度长期处于城乡分割状态，保障政策只面向城市地区，农村地区甚至很长一段时间没有建立起最基本的社会保障体系。近年来，政府加快了全社会统一的保障体系建设，扩大了对农村居民的覆盖面，要把更多人纳入社会保障体系，完善覆盖全民、统筹城乡、公平统一、可持续的多层次社会保障体系。但是，经济欠发达地区的农村和发展水平较高的城市地区相比，社会保障资源差距仍然很大。城乡之间社会保障资源分配严重失衡，有可能导致城市居民获取的转移性收入远高于农村居民，从而导致城乡居民之间收入差距的扩大。

基础设施建设水平对城乡居民收入产生直接和间接影响。一方面，基础设施建设水平直接影响城乡居民生产和生活水平。道路是最基本也是最重要的基础设施，道路供给不足或者道路质量低下，造成可达性弱，运输成本过高，直接影响农产品运输，进而影响农民收入水平。完善发达的道路网络，可以促进城乡之间要素流动，减少农产品从生产地向销售地的运输成本，缩短运送时间；并且可以吸引城市人口到农村，为农村休闲农业特色旅游等产业发展打下基础，促进乡村产业发展，进而提高农民收入。另一方面，基础设施通过产业发展和集聚效应等影响城乡居民生活水平。完善的基础设施能够吸引更多企业集聚，促进产业发展，为当地居民提供更多的就业岗位和行业发展机会。同农村相比，城市具备更完善、更现代化的基础设施，能够吸引大量投资和资源，众多企业行业集中到城市地区，产生集聚效应，使城市居民能够享受到更好的教育、医疗、文化等公共服务；而农村地区由于基础设施不足，产业发展相对滞后，没有足够的就业机会，相应的教育、医疗和文化类公共服务水平较低。不平衡的资源分配也影响城乡居民人力资本积累、社会保障和福利待遇，进而间接影响城乡居民收入差距。

总体来讲，公共服务对城乡收入差距的影响机理比较复杂，既包括直接路径上的影响，也包括间接路径上的影响。从直接影响来看，公共服务均等化有助于缩小城乡收入差距。当农村享有的交通、医疗、教育等公共服务资源得到提升时，农村的产出和农村居民的收入也会相应提升，从而缩小与城市居民的收入差距。基本公共服务还能通过转移性收入和保障私人基本生活等再分配途径，提高居民福利水平，改变收入分配。这意味着政府可以通过提供均等化的公共服务，如教育、医疗和社会保障等，来增加低收入群体的收入，减少高收入群体的收入，从而实现收入分配的更加均衡。从间接影响来看，基本公共服务通过对物质资本、人力资本、生产技能和劳动生产率等生产要素的改变，影响生产函数，进而影响收入分配。例如，基础设施作为物质资本的重要组成部分，其完善程度直接决定着全社会的综合生产力水平，从而影响劳动生产率，调节收入分配。当基础设施建设的边际贡献率对低收入人群的收入和福利超过对高收入人群的影响时，基础设施就能减少收入分配失衡，缩小城乡收入差距。

7.3 变量选取与数据说明

为进一步明确基本公共服务的城乡收入效应，选择相应变量进行计量分析。如表 7-3 所示，以城乡收入差距为被解释变量，采用农村和城市居民的人均可支配收入之比表示。以城乡基本公共服务均等化指数作为核心解释变量，包括综合指数及各类公共服务指数。第 6 章通过熵权法 TOPSIS 模型对省际间城乡公共服务均等化程度进行比较分析，并根据该模型对各省份在城乡基本公共服务均等化程度上的排序进行评估。而该部分在进行具体计量时，需要表征各省区的城乡均等化程度，因此需要确定相关的变量和指标，在此采用韩增林等[183]的做法，引入信息熵原理测度城乡基础教育均等化程度，设定信息熵函数为

$$E_s = -\left(\frac{S_c}{\sum S_c}\ln\frac{S_c}{\sum S_c} + \frac{S_r}{\sum S_r}\ln\frac{S_r}{\sum S_r}\right) \tag{7.1}$$

其中，S_c 与 S_r 分别代表城市和农村相应的基本公共服务综合评价指数，具体计算方法参见第 5.2 节，分城乡分别计算即可。E_s 为实际熵值。信息熵越高表示信息越分散，城乡基本公共服务水平相差越小，均等化程度越高；当城乡基本公共服务达到相同水平，即 $S_c = S_r$ 时，熵为最大化状态：$E_{max} = \ln 2$，表示系统处于均等化程度最高状态。将实际熵值 E_s 与最大熵值 E_{max} 之比作为城乡基本公共服务均等化指数 E，即

$$E = E_s / E_{max} \tag{7.2}$$

根据上述方法，可分别计算得出各省区城乡基本教育服务、基本医疗卫生、基本社会保障、基础设施四类公共服务的均等化指数，以及综合的均等化指数。

此外，还控制了其他影响城乡收入差距的变量，包括经济发展水平、产业结构、城镇化率、经济开放程度、公共支出占比、财政支农比重等。

表 7-3　计量模型变量的选取

变量分类	变量名称	变量解释
被解释变量	城乡收入差距（*gap*）	农村居民人均可支配收入/城市居民人均可支配收入
核心解释变量	城乡基本公共服务均等化（x）	城乡基本公共服务均等化综合指数
	城乡基本教育服务均等化（x_1）	城乡基本教育服务均等化指数
	城乡基本医疗卫生均等化（x_2）	城乡基本医疗卫生均等化指数
	城乡基本社会保障均等化（x_3）	城乡基本社会保障均等化指数
	城乡基础设施均等化（x_4）	城乡基础设施均等化指数

续表

变量分类	变量名称	变量解释
控制变量	经济发展水平（*pgdp*）	各地区人均 GDP（元）
	产业结构（*struc*）	第三产业增加值占 GDP 比重（%）
	城镇化率（*urban*）	各地区年末城市常住人口与该地区总人口的比值（%）
	经济开放程度（*trade*）	各地区货物进出口总额与地区生产总值的比值（%）
	公共支出占比（*gov*）	一般公共预算支出占地方 GDP 比重（%）
	财政支农比重（*agr*）	各地区财政支出中用于农林水支出的比重（%）

资料来源：基本公共服务数据来源详见第 5.1.1 节；农村和城镇居民人均可支配收入、各地区人均 GDP、城镇化率来自历年《中国统计年鉴》；各地区第三产业增加值、货物进出口总额、一般公共预算支出、农林水支出等数据来自历年《中国统计年鉴》，并结合相应数据进行了比值计算。

7.4 模型设定

对于面板数据而言，最重要的是判断其适合使用何种模型进行分析，一般面板数据可能是混合效应模型、固定效应模型和随机效应模型。豪斯曼检验可以用来判定选择随机效应模型还是固定效应模型，*F* 检验可以判定选择固定效应模型还是混合效应模型，此处，采用豪斯曼检验和 *F* 检验来判断样本数据适合采用何种模型来进行分析，检验结果如表 7-4 所示，结果显示，统计量均显著拒绝原假设，应选择固定效应模型。

表 7-4 豪斯曼检验与 F 检验结果

Hausman test			F test		
chi2 statistic	p value	result	chi2 statistic	p value	result
19.83	0.006	reject	179.37	0.000	reject

因此，设定模型如下：

$$gap_{i,t}=\alpha_0+\beta_1 x_{i,t}+\beta_{1-7}Controls_{i,t}+\gamma_i+\lambda_t+\varepsilon_{i,t} \tag{7.3}$$

其中，被解释变量 $gap_{i,t}$ 表示城乡收入差距，α_0 为常数项，$x_{i,t}$ 表示各核心解释变量，β_{1-7} 是各解释变量与控制变量的系数，*Controls* 表示控制变量集合，γ_i 和 λ_t 分别表示个体固定效应和时间固定效应，$\varepsilon_{i,t}$ 表示随机扰动项。

7.5 结果分析

各变量描述性统计结果如表 7-5 所示。在回归前首先进行 pearson 相关系数矩阵的检验，结果表明核心解释变量 *x* 与 *gap* 存在显著的正相关关系，如表 7-6 所示，即基本公共服务均等化水平与乡城比保持一致的变化趋势，与均等化指数越高，乡城比越小，即均等化程度越高越有助于缩小城乡收入差距的理论预期不一致，但考虑到相关系数矩阵仅衡量双变量之间的关系，未排除控制变量以及潜在变量（如时间效应以及个体效应）的干扰，故结果仅供参考，具体关系还需进一步进行回归分析来判定。此外，通过判断，解释变量之间的相关系数绝对值均未大于 0.9，可以初步排除变量共线可能性。

表 7-5　变量描述性统计

变量分类	变量	样本数	平均值	标准差	最小值	中位数	最大值
被解释变量	*gap*	390	0.373	0.066	0.190	0.377	0.520
核心解释变量	x	390	0.355	0.081	0.149	0.362	0.558
	x_1	390	0.347	0.123	0.048	0.353	0.577
	x_2	390	0.340	0.126	0.000	0.341	0.713
	x_3	390	0.346	0.115	0.090	0.330	0.741
	x_4	390	0.350	0.097	0.166	0.354	0.583

续表

变量分类	变量	样本数	平均值	标准差	最小值	中位数	最大值
控制变量	*pgdp*	390	10.418	0.554	8.717	10.480	11.706
	struc	390	0.443	0.061	0.297	0.442	0.603
	urban	390	0.523	0.100	0.275	0.529	0.742
	trade	390	0.222	0.236	0.008	0.130	1.626
	gov	390	0.249	0.116	0.095	0.228	0.758
	agr	390	0.118	0.027	0.050	0.116	0.204

表 7-6　相关系数矩阵

变量	*gap*	*x*	*pgdp*	*struc*	*urban*	*trade*	*gov*	*agr*
gap	1.000							
x	0.400***	1.000						
pgdp	0.642***	0.413***	1.000					
struc	0.158***	0.040	0.539***	1.000				
urban	0.721***	0.570***	0.857***	0.454***	1.000			
trade	0.402***	0.387***	0.286***	0.003	0.454***	1.000		
gov	-0.353***	-0.102**	-0.100**	0.348***	-0.140***	-0.483***	1.000	
agr	-0.281***	-0.158***	-0.079	0.226***	-0.194***	-0.603***	0.655***	1.000

注：**、***分别表示 5%、1%的显著性水平。

为了进一步明确变量之间是否存在共线性，通过方差膨胀因子 VIF（Variance Inflation Factor）进行多重共线性检验。VIF 是指解释变量之间存在多重共线性时的方差与不存在多重共线性时的方差之比，其值越大，表示共线性越严重。一般认为，当 0<VIF<10 时，不存在多重共线性；当 10≤VIF<100 时，存在较强的多重共线性；当 VIF≥100 时，存在严重的多重共线性。表 7-7 是模型的多重共线性检验结果，可以看出各变量的 VIF 值都小于 10，因而整体来说，所选取的指标不具有多重共线性。

表 7-7 多重共线性检验结果

变量	VIF	1/VIF
urban	5.55	0.180
pgdp	4.589	0.218
agr	2.203	0.454
gov	2.164	0.462
trade	2.105	0.475
struc	2.012	0.497
x	1.719	0.582
Mean VIF	2.906	—

结合前文豪斯曼检验以及 *F* 检验结果，排除个体效应以及时间效应带来的内生性问题，本章最终采用固定效应模型进行回归分析。此外，为增强结果的可靠性，采用逐步回归的方式验证假设。如表 7-8 所示，回归结果（1）显示，城乡基本公共服务均等化指数 *x* 在 5%的显著性水平下与 *gap* 呈负相关关系，系数为-0.019，表示城乡基本公共服务均等化指数每增加 1 个单位，在其他条件不变的情况下，乡城收入比平均降低 0.019 个单位。回归结果（2）显示，城乡基本公共服务均等化指数 *x* 在 1%的显著性水平下与 *gap* 呈负相关关系，系数为-0.026，说明控制了经济发展水平（*pgdp*）、产业结构（*struc*）、城镇化率（*urban*）之后，城乡基本公共服务均等化指数每增加 1 个单位，乡城收入比平均降低 0.026 个单位。回归结果（3）显示，在控制所有控制变量后，城乡基本公共服务均等化指数与乡城比依然呈显著的负相关关系，城乡基本公共服务均等化指数每增加 1 个单位，乡城收入比将下降 0.05 个单位。此外，方程的 *R-squared* 也在 0.9 以上，说明模型拟合效果较好，解释力较强。

表 7-8 城乡基本公共服务均等化影响城乡收入差距的基准回归结果

变量	(1)	(2)	(3)
	gap	*gap*	*gap*
x	-0.019** (-2.32)	-0.026*** (-3.16)	-0.050*** (-5.99)

续表

变量	(1)	(2)	(3)
	gap	*gap*	*gap*
pgdp		0.022*** (6.75)	0.023*** (6.51)
struc		0.020** (2.02)	-0.021** (-2.05)
urban		-0.078*** (-4.77)	-0.096*** (-5.73)
trade			0.044*** (14.90)
gov			0.019*** (2.79)
agr			0.039** (2.49)
α_0	0.281*** (103.13)	0.094*** (3.08)	0.106*** (3.09)
观测值	390	390	390
R-squared	0.996	0.997	0.997
个体固定	YES	YES	YES
时间固定	YES	YES	YES

注：括号内为 t 统计量，***表示 $p<0.01$，**表示 $p<0.05$。

为进一步研究城乡基本公共服务的均等化程度是通过何种途径影响城乡收入差距的，通过回归基本教育服务、基本医疗卫生、基本社会保障、基础设施的城乡均等化指数对城乡收入差距的影响来进行分析。由回归结果（见表7-9）可知，基本医疗卫生均等化指数 x_2 与基本社会保障均等化指数 x_3 均在1%的显著性水平下与因变量乡城收入比呈负相关关系，表明城乡基本公共服务均等化程度主要通过基本医疗卫生和基本社会保障两条路径对城乡收入差距起负向抑制作用，可能是因为虽然有“新农合”，但农村居民医疗支出的压力仍然较大，农民在缴纳了新农合之后，自己还是要承担很大一部分医疗费用支出的压力，也是影响家庭收入的主要因素。而基本社会保障包含一部分转移支付，也对缩小城乡收入差距有一定作用。

表 7-9　城乡基本公共服务均等化影响城乡收入差距的异质性回归结果

变量	(1)	(2)	(3)	(4)
	gap	*gap*	*gap*	*gap*
x_1	0.025*** (3.28)			
x_2		-0.015*** (-4.72)		
x_3			-0.012*** (-3.90)	
x_4				-0.005 (-1.07)
pgdp	-0.013** (-2.35)	0.026*** (9.82)	0.027*** (8.73)	0.021*** (6.36)
struc	-0.061*** (-3.75)	0.019** (2.38)	0.015 (1.57)	0.011 (1.03)
urban	0.006 (0.22)	-0.099*** (-7.67)	-0.143*** (-9.45)	-0.120*** (-7.09)
trade	0.067*** (13.76)	0.018*** (7.57)	0.043*** (16.02)	0.017*** (5.80)
gov	-0.017 (-1.53)	0.023*** (4.19)	0.033*** (5.18)	0.026*** (3.67)
agr	-0.013 (-0.49)	0.012 (0.98)	0.008 (0.57)	-0.003 (-0.16)
α_0	0.394*** (7.40)	0.054** (2.10)	0.060** (2.03)	0.106*** (3.29)
观测值	390	390	390	390
R-squared	0.993	0.998	0.998	0.997
个体固定	YES	YES	YES	YES
时间固定	YES	YES	YES	YES

注：括号内为 t 统计量，***表示 $p<0.01$，**表示 $p<0.05$。

基于区域异质性角度，分东部、中部、西部三大地区[①]进一步进行回

① 东部地区包括江苏、浙江、广东、福建、河北、山东、辽宁和海南；中部地区包括山西、河南、安徽、江西、湖北、湖南、吉林和黑龙江；西部地区包括广西、四川、云南、贵州、内蒙古、陕西、甘肃、青海、宁夏和新疆。三大地区中不包括北京、天津、上海、重庆和西藏。

归，结果如表 7-10 所示，发现东部地区与西部地区城乡均等化指数均在 1%的显著性水平下与乡城收入比呈负相关关系。并且，西部地区城乡均等化程度对城乡收入差距的影响程度较东部地区显著，城乡均等化指数每增加 1 个单位，乡城收入比平均降低 0. 185 个单位，而东部地区仅降低 0. 052 个单位。原因可能是由于城乡发展差距具有倒“U”形变化规律，东部地区的城乡收入差距总体较小，处于倒“U”形的后半段，并且城乡基本公共服务差距也不大，所以对收入差异的影响不是特别明显。而西部地区的城乡收入差距和基本公共服务差距仍然处于较高水平，因此后者对前者的影响程度相对较为明显。中部地区城乡基本公共服务差异对城乡收入差距的影响并不显著，可能的原因在于中部地区城乡基本公共服务及收入差距都处于中等水平，同东部地区和西部地区相比，整体发展水平处于倒“U”形发展的中间阶段，因此城乡基本公共服务对收入差距并未表现出明显的影响效果。

表 7-10　城乡基本公共服务均等化影响城乡收入差距的地区异质性回归结果

变量	东部地区	中部地区	西部地区
	gap	*gap*	*gap*
x	-0. 052*** (-3. 94)	0. 067 (1. 27)	-0. 185*** (-13. 10)
pgdp	0. 107*** (22. 10)	0. 009 (0. 32)	0. 069*** (11. 16)
struc	-0. 059*** (-4. 19)	-0. 056 (-0. 65)	0. 004 (0. 31)
urban	-0. 065*** (-3. 51)	-0. 210** (-2. 05)	-0. 035 (-0. 77)
trade	0. 045*** (16. 57)	0. 249*** (4. 91)	0. 133*** (13. 80)
gov	0. 194*** (14. 37)	0. 177* (1. 91)	0. 032*** (3. 37)
agr	0. 126*** (4. 51)	0. 087 (0. 73)	0. 097*** (3. 78)
α_0	-0. 663*** (-15. 21)	0. 312 (1. 07)	-0. 336*** (-6. 13)

续表

变量	东部地区	中部地区	西部地区
	gap	*gap*	*gap*
观测值	120	120	150
R-squared	0. 998	0. 955	0. 997
个体固定	YES	YES	YES
时间固定	YES	YES	YES

注：括号内为 t 统计量，*** 表示 $p<0.01$，** 表示 $p<0.05$，* 表示 $p<0.1$。

为解决回归模型中可能存在的内生性问题，进一步采用 2SLS 模型进行回归。选用内生变量一阶滞后作为工具变量。如表 7-11 所示，回归（1）中工具变量与内生变量存在显著的相关性，此外，不可识别检验与弱工具变量检验结果均显著拒绝原假设，表明工具变量的选取是有效的，且工具变量满足外生性。利用工具变量纠正内生变量的偏误，结果如回归（2）所示，核心自变量依然在 5%的显著性水平下与因变量呈显著负相关关系，与前文结论一致。

表 7-11　城乡基本公共服务影响城乡收入差距的内生性检验

变量	First stage（1）	2SLS（2）
	x	*gap*
L. x	0. 831*** (38. 98)	
x		-0. 067** (-2. 47)
pgdp	0. 015 (1. 55)	0. 062*** (10. 90)
struc	0. 034 (1. 26)	0. 055*** (2. 64)
urban	0. 238*** (5. 27)	-0. 036 (-0. 83)
trade	0. 027*** (3. 11)	0. 035*** (4. 01)
gov	0. 068*** (3. 59)	0. 027 (1. 38)

续表

变量	First stage (1)	2SLS (2)
	x	*gap*
agr	0.079** (2.02)	-0.063 (-1.51)
α_0	-0.207** (-2.18)	
不可识别检验 弱工具变量检验		216.967*** 593.358***
观测值	364	364
R-squared	0.989	0.850
个体固定	YES	YES
时间固定	YES	YES
省区数	26	26

注：括号内为 *t* 统计量，*** 表示 $p<0.01$，** 表示 $p<0.05$。

考虑到本章所选样本时间区间包含了 2020 年，由于 2020 年发生了影响全球的新冠疫情，故此突发卫生公共事件对宏观经济来说为严格外生的外部冲击，如果不考虑此因素则可能导致遗漏变量的内生性问题。剔除 2020 年的特殊样本后，再次进行回归，并将此检验作为样本敏感性分析。结果如表 7-12 所示，发现城乡基本公共服务均等化指数这一核心解释变量具有显著性，和前文结论保持一致，表明结果较为稳健。

表 7-12 城乡基本公共服务差异影响城乡收入差距的稳健性检验

变量	剔除 covid 影响
	gap
x	-0.042*** (-5.24)
pgdp	0.030*** (8.64)
struc	0.007 (0.66)
urban	-0.099*** (-6.02)

续表

变量	剔除 covid 影响
	gap
trade	0.040*** (13.83)
gov	0.003 (0.52)
agr	0.037** (2.36)
α_0	0.030 (0.89)
观测值	364
R-squared	0.998
个体固定	YES
时间固定	YES

注：括号内为 t 统计量，*** 表示 $p<0.01$，** 表示 $p<0.05$。

为排除方法选择可能存在的误差，本章采用更换估计方法的方式进行稳健性检验，即采用 FGLS（广义最小二乘法）再次进行估计，以解决组间异方差以及组内自相关所带来的估计偏误。回归结果如表 7-13 所示，城乡基本公共服务均等化指数 x 这一核心解释变量依然显著，说明通过了稳健性检验。

表 7-13　城乡基本公共服务差异影响城乡收入差距的 FGLS 估计结果

变量	FGLS
	gap
x	-0.088*** (-2.99)
pgdp	0.019 (1.45)
struc	-0.133*** (-3.20)
urban	0.364*** (10.81)
trade	0.010 (1.05)

续表

变量	FGLS
	gap
gov	-0.086^{***} (-5.26)
agr	-0.110 (-1.53)
α_0	0.110 (0.91)
观测值	390
省区数	26

注：括号内为 t 统计量，***表示 $p<0.01$。

8

新发展阶段城乡基本公共服务发展展望

8.1 新发展阶段的时代特征

新发展阶段是中国在当前和未来一段时间内发展的一个重要阶段。它主要指的是中国在实现全面建成小康社会，实现第一个百年奋斗目标之后，进入全面建设社会主义现代化国家、向第二个百年奋斗目标进军的发展阶段。党的十八大以来，习近平总书记在论及新发展阶段时明确指出，“新发展阶段是我国社会主义发展进程中的一个重要阶段”“社会主义初级阶段不是一个静态、一成不变、停滞不前的阶段，也不是一个自发、被动、不用费多大气力自然而然就可以跨过的阶段，而是一个动态、积极有为、始终洋溢着蓬勃生机活力的过程，是一个阶梯式递进、不断发展进步、日益接近质的飞跃的量的积累和发展变化的过程”。这明确了新发展阶段是社会主义发展进程中的一个阶段，是社会主义初级阶段中的一个阶段，同时是其中经过几十年积累、站到了新的起点上的一个阶段。进入新发展阶段，是中华民族伟大复兴历史进程的大跨越，标志着我国进入了一个新的发展时期，具有重要的理论和实践意义。其时代特征主要体现在以下几个方面：

（1）发展基础的新变化

我国经济实力、科技实力、综合国力跃上新的台阶，人均 GDP 突破 1 万美元，对世界经济增长的贡献率超过 30%①，形成了全球最大最有潜

① 数据来源：中国日报中文网，转引自 https：//cn. chinadaily. com. cn/a/202001/19/WS5e23f446a3107bb6b579ac7b. html.

力的市场。

（2）发展任务的新要求

新发展阶段的任务转向实现第二个百年奋斗目标——全面建成社会主义现代化强国，要求经济、政治、文化、社会、生态文明“五位一体”全面发展，全面提升物质文明、政治文明、精神文明、社会文明、生态文明。

（3）发展主题的转变

从重视经济规模的“高增速”转向提高效率和质量，实现“高质量发展”成为新的发展主题。习近平总书记指出，“高质量发展，就是能够很好满足人民日益增长的美好生活需要的发展，是体现新发展理念的发展，是创新成为第一动力、协调成为内生特点、绿色成为普遍形态、开放成为必由之路、共享成为根本目的的发展”，并且强调“必须以满足人民日益增长的美好生活需要为出发点和落脚点，把发展成果不断转化为生活品质，不断增强人民群众的获得感、幸福感、安全感”。

（4）发展环境的复杂性

国际环境日趋错综复杂，世界百年未有之大变局加速演变。国内发展面临周期性因素和结构性因素叠加、短期问题和长期问题交织等多重影响。

（5）发展难度的增加

新的发展任务、发展主题和发展环境意味着新发展阶段面临前所未有的发展难度。例如，按照党的十九届五中全会的部署，2035 年要实现人均国内生产总值达到中等发达国家水平，约 2 万美元。这意味着按现有不变价格计算，到 2035 年我国国内生产总值将在现有 100 万亿元的基础上翻一番，达到 200 万亿元，要用 15 年实现国内生产总值翻一番的发展目标，难度非常大。

（6）推动人的全面发展

新发展阶段是人的全面发展、全体人民共同富裕将取得更为实质性进展的阶段，是实现中华民族伟大复兴的关键阶段。

（7）坚持新发展理念

新发展理念即创新、协调、绿色、开放、共享的新发展理念，是习近平总书记于2015年10月在党的十八届五中全会上提出的。创新是推动发展的核心动力，新发展阶段要加大科技创新力度，推动科技成果转化，提高全要素生产率。新发展阶段注重区域协调、城乡协调、经济社会协调发展，缩小城乡发展差距，实现共同富裕。生态文明建设是新发展阶段的重要内容，要推动绿色低碳发展，加强生态环境保护，实现人与自然和谐共生。新发展阶段要进一步扩大开放，深化国际合作，积极参与全球治理，推动构建人类命运共同体。新发展阶段强调发展成果的共享，要提高人民生活水平，保障和改善民生，实现社会公平正义。贯彻新发展理念，要推动经济社会高质量发展，解决发展不平衡不充分问题，实现经济社会持续健康发展。

（8）构建新发展格局

随着全球经济格局的不断演变和国内发展阶段的深刻变化，中国正面临前所未有的发展机遇与挑战。为了应对这些挑战，推动经济高质量发展，在新发展阶段，我们必须加快构建以国内大循环为主体、国内国际双循环相互促进的新发展格局。

（9）党的全面领导

坚持党对经济社会发展工作的集中统一领导，确保党中央决策部署有效落实，为实现新发展阶段目标任务提供坚强保证。

新发展阶段是中国发展进程中的一个重要里程碑，它体现了中国对发展规律的新认识，对发展目标的新定位，对发展路径的新选择。在这个阶段，中国将努力实现更高质量、更有效率、更加公平、更可持续、更为安全的发展。

8.2　新发展阶段基本公共服务发展导向

我国经济已由高速增长阶段转向高质量发展阶段。党的二十大报告指出，高质量发展是全面建设社会主义现代化国家的首要任务。提升公共服务品质是推动经济高质量发展的内在要求。一方面，高品质的公共服务供给通过推动产业升级和降低经济社会脆弱性，从而增强经济发展韧性，推动经济社会稳定运行。另一方面，高质量发展不仅体现在经济效率、经济结构和经济总量等经济层面，也体现在收入分配、民生福祉、生态环境等公共服务领域。从这个意义上说，公共服务本身就是高质量发展的重要内容，是新发展阶段推动乡村全面振兴，实现共同富裕的内在要求。

党的二十大报告提出："健全基本公共服务体系，提高公共服务水平，增强均衡性和可及性，扎实推进共同富裕。"这一重要论断明确了增强公共服务的均衡性与可及性将成为新时期我国公共服务的发展方向，并指导今后一段时间内国家基本公共服务改革任务。从"均等化"向"均衡性"转变，意味着在新的发展阶段，公共服务发展将进一步推动高质量发展成果的均衡共享。

8.2.1 增强基本公共服务均衡性

自2005年党的十六届五中全会上首次明确提出"公共服务均等化"这一概念以来，我国基本公共服务均等化实践取得了很大成绩，但区域间、城乡间、人群间的基本公共服务仍有差距，在机会公平、过程公平和结果公平方面，现有的均等化模式还存在欠缺，因此，中央及时将均等化上升为增强均衡性，在党的二十大报告中提出"增强均衡性"。基本公共服务均等化是指全体公民都能公平可及地获得大致均等的基本公共服务，其核心是促进机会均等，重点是保障人民群众得到基本公共服务的机会，而不是简单的平均化。政府供给基本公共服务过程中同时存在着供给不足和供给不均问题，它们都是造成基本公共服务不均等的原因，"均等化"强调从供给侧来缩小区域、城乡、群体间的基本公共服务差距。

"均衡性"意味着要在宏观层次上实现公共服务生产和供给的过程均衡及结果均衡，以避免生产端与供给端之间差距过大。在公共服务均等化水平不断提升的基础上，增强均衡性要求更加关注区域、城乡、群体之间公共服务资源的有效配置，减少社会成员公共服务获得的差异性，是均等化的拓展和提升。当然，并不是说不能有差异，而是在兼顾效率与公平的原则下，尊重合理差异但又不过度差异，同时还强调供需匹配、权责匹配、投入产出适配等。“均衡性”目标基于公共服务的多元分类，需要同时兼顾基本公共服务的均等化、非基本公共服务的普惠化以及生活服务的多样化等目标，并对公共服务的享用机会平等、供给过程高效、差异化诉求尊重、服务效能结果的提升予以重视。增强均衡性，要求更加重视公共服务供给端的改革创新，既包含国家宏观层面的公共服务供求均衡，也包含地方各层级的公共服务供需适配，体现了公共服务投入、生产、供给、结果全过程的均衡。

第一，推进公共服务标准化，以标准化增强均衡性。2021 年我国首次出台国家基本公共服务标准，2023 年国家发展改革委等部门联合印发《国家基本公共服务标准（2023 年版）》，在保持总体结构与 2021 年版国家基本公共服务标准一致的基础上，对部分服务项目进行了调整。标准化是增强均衡性的手段和过程。将国家基本标准进行细化，形成具体实施配套标准，并推进各级政府尽快出台具体实施标准，督促地方开展具体工作以落实各项服务，促进各级政府尽快达标，进一步提升实施成效。

第二，深化公共服务体制机制改革，推动公共服务均衡化发展。坚持以人民为中心，深化行政管理体制机制改革，转变政府职能，建设服务型政府，将公共服务职能作为政府第一职责，构建均衡公共服务体系。以供给侧结构性改革为主线，完善公共服务分层分类协同供给体系，健全公共服务多元主体资金投入体制，建立公共服务需求表达渠道，尊重公共服务信息权利，建设过度干预公共服务的矫正体系。遵循市场经济规律，以促进公共服务均衡化与高质量发展协同为目标，加快建立公平、开放、透明的公共服务规则和适度竞争制度，在政府购买公共服务方面对各类社会企业、大中小组织机构一视同仁，使多元主体获得公平待遇，破除行政垄断、地方保护和制度壁垒，建立统一开放的公共服务体系，推动服务要素自由流动。

第三，破除服务对象身份限制，促进基本公共服务人群间均衡。按常住人口的数量和结构均衡配置公共服务资源，持续降低基本公共服务与户籍的关联度，健全与居住年限相挂钩的非户籍人口基本公共服务提供机制，保障居住证持有者与城市居民享有同等公共服务权利，保障符合条件的外来人口与本地居民平等享有公共服务，保障流动人口在城市的公共福利，促进基本公共服务有效覆盖全部常住人口。支持农民工平等享受城市基本公共服务，保障农村居民随迁子女平等接受义务教育等。

第四，加快补齐短板，促进基本公共服务城乡区域间均衡。以群众需求为导向，聚焦基本公共服务薄弱地区、薄弱领域、薄弱环节，集中力量补短板、强弱项，促进基本公共服务资源向基层延伸、向农村覆盖、向偏远地区和生活困难群众倾斜，加快建立区域、城乡合理、均衡的基本公共服务体系。基本公共服务落后地区要加大多主体多方式供给的力度，大力发展、引进和扶持公益组织、社会企业，提升其服务能力；充分发挥市场机制作用，积极推动公共服务领域民办企业享受公平待遇。建立和完善政府、公立机构、公益组织、营利性企业等多个主体共同开展公共服务供给的分工合作机制，政府要加强与社会资本、慈善资源、志愿力量的合作，通过购买服务、共同生产、合同外包等形式补齐基本公共服务短板。

第五，以数字化赋能基本公共服务均衡化发展。公共服务数字化是推进基本公共服务便利共享的有效途径和务实举措。近年来，我国大数据、区块链、人工智能等数字技术迅猛发展，一些技术得到广泛应用，较好地与经济社会发展融合，为推动基本公共服务高质量均衡发展提供了重要技术支撑。数字公共服务更加普惠均等，对就业、教育、医疗和养老等民生保障的支撑作用不断凸显。党的十九届五中全会明确提出，加强数字社会、数字政府建设，提升基本公共服务、社会治理等数字化智能化水平。2022 年 3 月，国家发展改革委在《“十四五”数字经济发展规划》中提出，数字化基本公共服务要更加普惠均等，通过提供数字化转型基本公共服务，持续提升基本公共服务数字化水平，提高“互联网+政务服务”效能。这些部署为数字技术支撑城市基本公共服务指明了方向。

明确职责。要明晰城市数据管理的主管部门、监管机构职责，强化跨部门、跨层级、跨区域协同监管，明确监管范围和统一规则，加强分工合作与协调配合。

增加投入。增加用于更新改造基本公共服务数字基础设施投入，保障基础设施数字化建设经费。有序推进基础设施智能升级，稳步构建智能高效的融合基础设施，提升基础设施网络化、智能化、服务化、协同化水平。通过数字技术规模化应用，降低基本公共服务成本，增强基本公共服务的公益性、保障性和基础性。

推进数字标准化建设。进一步推进数字基本公共服务标准化建设，以数字技术标准化推动基本公共服务标准化，明确基本公共服务对象、服务内容、服务标准中的数字技术规范，完善重点民生领域数字标准规范，加强各行业标准间的统筹衔接。

促进融合。促进公共服务与互联网产业深度融合发展，大力培育跨行业、跨领域综合性平台和行业垂直平台。促进人工智能在基本公共服务领域推广应用，鼓励支持数字创意、智慧就业、智慧医疗、智慧养老等新业态新模式发展。鼓励建设智慧社区和智慧服务生活圈，推动公共服务资源整合，提升专业化、市场化服务水平。

第六，强化政策引导，加强监管评估。制定和完善相关政策，引导基本公共服务均衡化发展。例如，通过实施区域协调发展战略、推动城乡一体化发展等措施，缩小地区间、城乡间的基本公共服务差距。建立健全基本公共服务监管评估机制，定期对基本公共服务的质量和效果进行评估和监督。通过公开透明的评估和反馈机制，推动基本公共服务不断改进和提升。

8.2.2 增强基本公共服务可及性

基本公共服务可及性，主要是衡量实现基本民生需求的难易程度、便捷程度，判断公共服务的可获得程度、可覆盖范围、可辐射事项，重在基本公共服务供给端与需求端的微观适配，尤其要实现具体服务内容与群众实际需求的有效衔接。“可及性”概念的提出意味着基本公共服务发展将继续增强中国式现代化成果的共享。只有实现了基本公共服务可及性，才能保障全体公民享有便利、高质量的基本公共服务，全面满足人民群众的基本生活需要。

党的十八大以来，我国建立了更为完备的教育、就业、医疗卫生、住房保障、社会保障、文化体育等满足基本民生需求的基本公共服务供给制度，但供给不足和不平衡的矛盾在一定程度上依然存在。城乡在教育、医疗卫生、社会保障等方面还存在较大差距，乡村资源供给相对不足，供求对接不匹配、不精准等问题依然存在，城市不同群体之间接触到的基本公共服务内容和范围也有差异，基本公共服务可及性还有较大提升空间，要着力提高“可及性”的程度和水平，要从对基本公共服务数量的关注转变为质量上的要求，要从覆盖的广度提升到覆盖的密度和深度上。

第一，建立健全基本公共服务供需精准对接制度，推进基本公共服务供给与公众需求有效对接，保障基本公共服务供给的有效性和可及性。例如，可以针对不同人群提供差异化服务，针对老年人、残疾人等特定群体，应提供更加人性化的服务，如设立无障碍设施、提供上门服务等，有效回应民众个性化、差异化的基本公共服务需求，实现公众医疗卫生服务的精准供给。也可以运用“互联网+医疗服务”技术手段构建基本公共服务供需平台，使基本公共服务供给侧与需求侧无缝匹配。此外，针对农村地区和偏远地区，政府应加大投入，提高服务设施的覆盖率，确保这些地区的居民也能享受到高质量的公共服务。

第二，通过规划手段妥善处理基本公共服务空间匹配失衡问题。更可及的公共服务，必须实现基本公共服务供给内容与覆盖范围之间的相对均衡。区域层次的差异性以及群体需求的异质性，会直接诱发基本公共服务空间配置不均、主体互动阻隔等问题。要完善合理布局机制，打造城乡有别、合理可达的基本公共服务圈，推动服务便捷易得。在城市规划和建设中应充分考虑基本公共服务设施的布局，通过制定相应的规划和政策，引导基本公共服务设施的合理布局，确保设施能够覆盖到每个社区和居民区域，从而提高基本公共服务的可及性。合理规划和布局城市、乡村、社区不同的基本公共服务半径，打造“城市 15 分钟、乡村半个小时”的基本公共服务圈，构建以乡镇（街道）为中心、辐射村（社区）和村民小组（小区）、遍及城乡的基层公共服务供给网络。

第三，建立健全基本公共服务范围调适制度，保障基本公共服务的可适应性。可适应性主要指基本公共服务机构是否能根据公众需求、消费习惯适时地调整基本公共服务范围、内容和标准。基本公共服务的范围、内容和标准应与经济社会发展水平相适应，要按照“尽力而为、量力而行”的要求，一方面，要随着公众需求升级、消费习惯的变化而不断扩展。例如，全面建成小康社会后，国家有必要把现在的一些非基本公共服务（如幼儿教育、高等教育）纳入基本公共服务的范围，不断满足人民日益增长的美好生活需要。另一方面，要随着社会环境的变迁而不断升级，例如，新冠疫情之后，我们要在加强临床医疗卫生服务的同时，更要加大对疾病预防方面的投入，加强卫生防疫站、专科防治所的力量，加大传染病病房建设、预防物资的储备和预防医学专业人才的培养。

第四，探索主动告知机制，增强公众的服务获取能力。各供给主体要积极主动向社会传递关于服务办理、服务获得的全方位具体信息，综合运用多种方式，提高信息送达的有效性。实现服务信息公开披露、主动发布和阳光透明，特别要注重对弱势群体和社会救助、失业保障潜在服务对象相关信息的主动搜集、预先告知，一旦需要或符合条件就能及时帮助其申请有关服务、尽快匹配相应服务。加强对基本公共服务人员的培训和管理，提高他们的专业素养和服务意识。

第五，形成成本分担机制，减轻服务对象的支付负担。提高政府对接受基本公共服务的困难群体进行经济补偿的有效性，保证相关服务补贴资金发放、落实到位。政府应加大财政支出，保证相当部分基本公共服务的免费属性。对部分需收费项目，要通过监管使价格保持在偏低水平；注重将社保、医保的个人缴费标准保持在合理水平，使运行成本在个人、单位、政府和代际间良性分担。

第六，强化公众参与和反馈机制。公众参与和反馈是提升基本公共服务水平的重要途径。政府可以建立咨询和参与平台，定期邀请公众参与基本公共服务的决策和监督。同时，政府应及时回应公众的反馈和诉求，持续改进基本公共服务。

8.3 新发展阶段城乡公共服务发展的路径思考

在新发展阶段推进城乡基本公共服务建设，增强基本公共服务的均衡性与可及性，总体思路是坚持高质量发展的总要求，以实现基本公共服务供给高覆盖、高层次、高匹配。聚焦教育、医疗卫生、社会保障、健康养老等人民群众最关心、最直接、最现实的利益问题。聚焦短板，将事关城乡整体功能提升、人民群众迫切需求的基本公共服务领域作为切入点和发力点，突破体制障碍，以公共服务体系供给侧结构性改革为主线，提供更加高效、更有品质、更富特色的基本公共服务产品[184]。要实行城乡统筹的基本公共服务产品供给制度，改变长期存在的制约城乡社会公平的二元公共服务产品供给体制，加快城乡基本公共服务制度一体化设计、一体化实施，推动城乡基本公共服务供给内容与服务标准的统一衔接，持续促进城乡基本公共服务均衡发展。增加中央和省市财政对农村基层的转移支付，加大对农村基本公共服务的财政投入力度，强化政府在基本公共服务中的责任。重视农民个人、其他私人和非政府组织对基本公共服务供给的作用，通过建立农村基本公共服务供给的多元模式来缓解农村基本公共服务供给不足问题。要改变当前农村基本公共服务“自上而下”的供给决策机制，实行“自下而上”的供给决策机制，避免农村中非意愿消费选择下公共品的过度供给，提高财政资金效率[185]。具体来讲，可以通过以下措施实现城乡教育、医疗卫生、社会保障、基础设施等基本公共服务的均衡可及。

8.3.1 促进城乡教育公共服务均衡可及

增加农村教育投入。加大对农村教育的财政投入力度，改善农村学校教学设施，提升农村教师待遇，确保农村学校的基本运转和教育教学活动的正常开展，保证农村学生享有基本的教育资源。鼓励社会各界通过捐赠、投资等方式参与农村教育建设，形成多元化的教育投入机制。

提升农村师资水平。加大农村教师的培训力度，提高教师的教育教学水平和专业素养。持续优化特岗教师队伍结构，继续实施农村教师“特岗计划”，吸引优秀教师到农村学校任教。通过提高农村教师的职称评定比例、设立农村教育津贴、提供职业发展机会等措施，鼓励更多的优秀教师和教育工作者到农村学校工作。建立城乡教师交流机制，促进城乡教师资源共享。

优化教育资源分配。制定科学的教育资源分配方案，确保城乡学校在教育设备、教学资料等方面的平等，促进城乡教育资源均衡配置。鼓励城市学校与农村学校建立结对帮扶关系，实现资源共享和优势互补。

推广现代教育技术。加大对农村学校信息技术建设的投入，推广使用在线教育、远程教学等现代教育技术手段，为农村学生提供更多的学习资源和机会。利用现代信息技术手段，提高农村教育的质量和效率。

完善农村教育设施。加大对农村学校基础设施建设的投入，改善学校的教学和生活条件。鼓励社会各界参与农村学校基础设施建设，为农村学生创造更好的学习环境。

加强城乡教育合作。城乡教育合作是促进城乡教育基本公共服务均等化的重要途径。可以通过搭建城乡教育合作平台，促进城乡学校之间的交流与合作。鼓励城市学校与农村学校开展联合办学、教师交流等活动，实现城乡教育资源的共享和优势互补。鼓励城市优质教育资源向农村流动，如派遣优秀教师到农村学校任教，开展城乡学校结对帮扶活动，利用信息技术手段实现优质教育资源的共享等。

建立监督评估机制。建立完善的监督评估机制，通过对政策执行情况的定期检查和评估，及时发现和解决政策实施中存在的问题，确保城乡教育基本公共服务均等化政策的有效实施和目标的顺利实现。

促进教育公平发展。始终坚持教育公平的原则，制定更加公平的教育政策，确保每个学生都能享受到平等的教育机会和资源。加强对农村学生和弱势群体的关注与支持，针对农村地区的特殊群体，如留守儿童、贫困学生等，通过提供教育救助、设立助学金、开展心理辅导等措施，确保他们享有平等的教育机会和资源，为他们的教育发展创造更多的机会和条件。

8.3.2 促进城乡医疗卫生公共服务均衡可及

进一步提高住院费用报销比例，降低个人医药费用负担。为了降低城乡居民因病致贫、因病返贫的风险，建议进一步提高住院费用的报销比例，特别是在农村地区，通过增加政府财政投入，扩大医疗保险覆盖范围，提高报销比例，使农村居民在面临大病时能够得到更多的经济支持。推动药品集中采购和价格谈判，降低药品价格，优化医疗服务价格结构，减轻患者负担。加强医疗卫生服务的公益性质，为低收入人群提供必要的医疗救助。

增加农村医疗投入，提升农村医疗设施水平。通过制定财政倾斜政策，加大对农村医疗卫生服务的资金、设备和人员投入，以提升农村地区的医疗服务能力，确保农村医疗服务的持续发展。医疗设施是提供医疗服务的基础，应加大对农村医疗设施的建设和改造力度，提升农村医疗机构的硬件设施水平。推动农村医疗机构向标准化、规范化方向发展，提高医疗服务质量和效率。

优化医疗资源配置。制定科学的医疗资源配置规划，确保城乡之间医疗资源的均衡分布。通过开展远程医疗、定向支援等活动，鼓励城市医疗资源向农村流动。强化县级医院服务能力。县级医院是连接城乡医疗卫生服务的关键节点，建议加强县级医院的建设和管理，提高其服务能力和水平，使其成为城乡医疗卫生服务的重要支撑。加大对农村和偏远地区的医疗资源投入，提高基层医疗机构的服务能力，实现城乡医疗卫生服务的均衡发展。

培养农村医疗人才。农村地区医疗人才短缺是制约其医疗卫生服务发展的重要因素，应加大对农村地区医疗人才的培养力度，通过定向招生、定向培养等方式，吸引更多优秀人才到农村工作。同时，提高农村医生的待遇并增加培训机会，激发他们的工作热情。

加强城乡医疗合作。鼓励城市医疗机构与农村医疗机构建立合作关系，通过技术支援、人员交流等方式，提升农村医疗机构的服务水平。推动城乡之间的医疗资源共享，实现优势互补。

完善农村医保制度。农村医保制度是保障农村居民健康权益的重要措施，应进一步完善农村医保制度，提高报销比例并扩大其覆盖范围，减轻农村居民的医疗负担。同时，进一步简化报销流程，提高报销效率，方便农村居民享受医保待遇。

全面落实公共卫生服务。公共卫生服务是城乡医疗卫生服务的重要组成部分，建议全面落实各项公共卫生服务项目，提高城乡居民的健康素养和自我保健能力，预防和控制重大疾病的发生及传播。

加强信息化建设。信息化建设是提升农村医疗卫生服务水平的重要手段，应推动农村地区医疗信息化建设，建立覆盖城乡的医疗卫生信息平台，实现医疗信息的共享和互通。通过信息化手段，提高医疗服务的便捷性和效率性，为农村居民提供更加优质的医疗服务。

8.3.3 促进城乡基本社会保障均衡可及

统一制度政策框架，规范待遇确定机制。推动城乡基本社会保障制度政策的统一，确保城乡居民在社会保障方面享有平等权利。通过统一制度政策框架，缩小城乡社会保障差距。建立规范的待遇确定机制，确保农村社会保障待遇的合理性和公平性。建立公平的社保待遇机制是提高农村社会保障公平性的核心。应确保农村居民与城市居民在社保待遇上享有同等待遇，消除待遇差异。例如，统一城乡居民养老保险待遇标准、统一医疗保险报销比例等，确保农村居民在社保待遇上与城市居民一样享有公平性和可持续性。通过科学合理地确定待遇水平，缩小城乡社会保障差距。

完善农村社保制度，推动城乡社保联网。根据农村的实际情况，不断完善农村社保制度，包括养老、医疗、工伤、失业、生育等各项保障内容。确保农村社保制度与城市社保制度在制度设计、参保条件、缴费标准、待遇享受等方面的一致性。在确保城乡社保制度差异合理性的前提下，逐步实现城乡社保待遇的均衡化。同时，应充分考虑农村的特殊性和差异性，制定适合农村特点的社保政策。建立城乡一体化的社保信息系统，实现城乡社保数据的共享和互通，提高社保管理的效率，促进城乡社保待遇的均等化。

增加农村社保投入，优化财政支出结构。加大农村社会保障的财政投入力度。通过增加预算，提高农村社会保障的补贴水平，确保农村居民在社保方面获得与城市居民相当的保障。同时拓宽筹资渠道，鼓励社会资本参与农村社会保障建设，确保农村社会保障体系有足够的资金支持。优化财政支出结构，确保社会保障支出在财政预算中的优先地位。通过调整支出结构，增加对农村社会保障的投入，缩小城乡之间的社会保障差距。

提升农村社保意识，完善待遇与缴费挂钩机制。通过各种途径和手段，加强农村社保的宣传和普及工作，提高农村居民对社保的认识和重视程度。同时，加强对农村社保工作人员的培训和教育，提高他们的业务水平和服务意识。建立并完善待遇与缴费挂钩的机制，激励农村居民积极参保和缴费。通过待遇与缴费的挂钩，增强农村社会保障的可持续性和公平性。

优化农村社保服务，强化农村社保监管。加强农村社保服务体系建设，提高服务质量和效率。建立健全农村社保经办机构，加强服务人员培训，提高服务水平，确保农村居民能够便捷地享受到社保服务。以农村居民的需求为导向，不断优化农村社保服务流程和服务方式。通过简化手续、提高效率、增加服务网点等措施，为农村居民提供更加便捷、高效、优质的社保服务。强化农村社保监管是确保农村社会保障公平性的重要保障。应建立健全农村社保监管机制，加强对农村社保基金的管理和监督，确保社保资金的专款专用和有效使用，防止资金挪用和浪费。同时，还应加强对农村社保服务机构的监管，确保其依法依规运行，为农村居民提供公平、透明的社保服务。

普及社保知识教育，确保农村贫困人口覆盖。普及社保知识教育是提高农村社会保障公平性的基础性工作。加强对农村居民的社保知识教育，提高其对社保制度的认识和理解。通过开展社保知识宣传活动，组织社保知识培训，提高农村居民的社保意识和参保积极性。确保农村贫困人口覆盖是提高农村社会保障公平性的重要任务。应加大对农村贫困人口的社保扶持力度，确保其能够享受到基本的社会保障。

推进社保信息化建设。推进社保信息化建设是提高农村社会保障公平性的重要手段。加强社保信息化建设，建立全国统一的社保信息平台，实现社保信息的共享和交换，提高社保服务的透明度和可查询性，利用信息技术手段提高社保服务的便捷性和效率。

8.3.4 促进城乡基础设施均衡可及

优化城乡资源配置。重新评估和调整城乡之间的资源分配，确保资源在城乡之间得到公平、高效的配置。制订具体的资源分配计划，并通过政策引导和市场机制相结合的方式，确保资源流向农村，缩小城乡差距。

推进城乡基础设施共享。推进城乡基础设施共享是提高农村基础设施水平的有效手段。通过实现城市与农村在基础设施上的互联互通，可以大幅提高农村基础设施的使用效率。可以通过建设城乡一体化的交通网络、电力网络、信息通信网络等，使农村居民能够享受到与城市居民相同的基础设施服务。

引导城市资源向农村流动。通过政策引导和市场机制相结合的方式，鼓励城市资源向农村流动。引导城市企业到农村投资兴业，推动城市人才向农村流动，促进城乡之间的技术、资本、信息等资源的交流与共享。通过这些措施，可以带动农村经济的发展，提高农村基础设施的建设水平。

加强农村基础设施建设。加大对农村基础设施建设的投入力度，优先增加对农村基础设施建设的财政投入，提高农村基础设施的质量和水平，确保农村基础设施的建设速度和质量与城市相匹配。加强农村道路、桥梁、水利、电力、通信等基础设施建设，加大资金支持，提高农村基础设施的承载能力和服务水平。

强化基础设施维护。基础设施维护是确保农村基础设施长期稳定运行的关键。建立健全农村基础设施维护机制，加强对农村基础设施的日常维护和保养。注重农村基础设施的维护和更新，加大对农村基础设施维护的资金投入，提高维护效率和质量，确保其长期稳定。

完善信息管理平台。信息管理平台是实现城乡资源共享和信息互通的重要工具。应加快农村信息管理平台的建设和完善，推动城乡信息资源的共享。通过信息管理平台，提高农村基础设施建设的透明度和效率，促进城乡基础设施的协同发展。

强化政府责任与监管。政府在促进城乡基础设施均等化过程中应承担起主导责任。应加强对城乡基础设施建设的监管力度，确保项目的顺利实施和资金的合理使用。建立健全城乡基础设施的维护和管理机制，确保基础设施的长期稳定运行。

8.3.5 推进城乡基本公共服务融合发展

城乡居民在享有基本公共服务的数量和质量上，在不同城乡关系特征阶段侧重点有所不同。城乡统筹是以城乡一体化发展思维为指导，旨在打破历史和制度设计形成的城乡二元结构，通过优化资源配置、完善制度设计、提升服务质量等方式，实现城乡基本公共服务的均衡化、普惠化和可持续化。这一战略举措的核心在于保障城乡居民享有公平、可及、优质的基本公共服务，推动城乡经济社会的协调发展。基本公共服务城乡一体化是指城市和农村在基础设施、医疗卫生、社会保障、文化教育等公共服务方面实现衔接与统一，打破二元结构的限制，逐步缩小城乡差距。基本公共服务城乡融合是指城市和农村在基本公共服务领域实现更高水平的协调发展，消除城乡之间的服务差距，使城乡居民都能享受到均等、优质、高效的服务。这一目标的实现对于促进城乡经济社会一体化发展，实现社会公平正义具有重要意义。在推进基本公共服务城乡融合的过程中，需要关注以下几个方面：

首先，要确保城乡基本公共服务的均衡配置。政府应加大对农村地区的投入，优化资源配置，提高农村基本公共服务的供给能力和质量。同时，建立健全城乡基本公共服务均等化机制，确保城乡居民在享受服务方面的权利和机会平等。

其次，要推动城乡基本公共服务制度的衔接与统一。通过改革户籍制度、社会保障制度等，打破城乡分割的壁垒，实现城乡居民在基本公共服务方面的制度并轨。这将有助于促进城乡人口自由流动，推动城乡经济社会的协调发展。

再次，需要加强城乡基本公共服务的统筹规划与协调。应制定科学的规划，明确城乡基本公共服务的发展目标、重点任务和保障措施。同时，加强部门间的协调与配合，形成合力，共同推进城乡基本公共服务的融合发展。

最后，注重引入市场机制和社会力量参与城乡基本公共服务的供给。通过政府购买服务、公私合作等方式，吸引更多的社会资本和力量参与城乡基本公共服务的建设和运营，提高服务效率和质量。

在实现基本公共服务城乡融合的过程中，还应注重信息化、智能化等现代技术的应用，提升服务水平和效率。同时，加强城乡之间的文化交流与融合，促进城乡居民之间的相互理解和认同，为城乡基本公共服务的融合发展创造良好的社会氛围。基本公共服务城乡融合是一个系统工程，需要政府、市场和社会多方共同努力，逐步消除城乡之间的服务差距，实现城乡基本公共服务的均等化、普惠化和可持续化。

参考文献

[1]宁华宗．公平与效率：公共服务的双重逻辑研究[J]．中南民族大学学报(人文社会科学版)，2015，35(1)：102-107.

[2]杨远根．城乡基本公共服务均等化与乡村振兴研究[J]．东岳论丛，2020，41(3)：37-49.

[3]王谦．城乡公共服务均等化的理论思考[J]．中央财经大学学报，2008，252(8)：12-17.

[4]王鑫．对基本公共服务均等化因素分析的探讨和反思[J]．学理论，2018(2)：86-88.

[5]娄兆锋，曹冬英．公共服务导向中基本公共服务与非基本公共服务之研究[J]．中国行政管理，2015(3)：102-106.

[6]李阿萌，张京祥．城乡基本公共服务设施均等化研究评述及展望[J]．规划师，2011，27(11)：5-11.

[7]蓝相洁，文旗．城乡基本公共服务均等化：理论阐释与实证检验[J]．中南财经政法大学学报，2015(6)：67-73，159-160.

[8]王胜华．经济赶超、公共支出偏向与城乡公共服务差距[J]．广东财经大学学报，2021，36(1)：15-24，84.

[9]韩峰，李玉双．产业集聚、公共服务供给与城市规模扩张[J]．经济研究，2019，54(11)：149-164.

[10]韦江绿．正义视角下的城乡基本公共服务设施均等化[J]．城市规划，2011，35(1)：92-96.

[11]罗震东，韦江绿，张京祥．城乡基本公共服务设施均等化发展的界定、特征与途径[J]．现代城市研究，2011，26(7)：7-13.

[12]钮心毅，陈晨．郊区城镇基本公共服务空间均等和公正的测度[J]．城市规划，2018，42(10)：42-50.

[13]福建省财政厅课题组．地区间基本公共服务差距现状及均等化对策[J]．预算管理与会计，2020(1)：35-44.

[14]赵万民，李雅兰，魏晓芳，等．非均等化到均等化：基于GIS分析的城乡公共服务设施布局研究——以重庆市长寿区公共服务设施规划为例[J]．西部人居环境学刊，2016，31(5)：35-41.

[15]张京祥，葛志兵，罗震东，等．城乡基本公共服务设施布局均等化研究——以常州市教育设施为例[J]．城市规划，2012，36(2)：9-15.

[16]赵云旗，申学锋，史卫，等．促进城乡基本公共服务均等化的财政政策研究[J]．经济研究参考，2010(16)：42-63.

[17]缪小林，高跃光．城乡公共服务：从均等化到一体化——兼论落后地区如何破除经济赶超下的城乡“二元”困局[J]．财经研究，2016，42(7)：75-86.

[18]王春福．公民身份与城市外来人口公共服务的供给——基于杭州市外来人口调查的分析[J]．浙江社会科学，2010，171(11)：54-60，127.

[19]新型城镇化课题组．打破户籍制度壁垒——新型城镇化建议之四[J]．宏观经济管理，2014，367(7)：42-43.

[20]韩俊．农民工市民化与公共服务制度创新[J]．行政管理改革，2012，39(11)：19-24.

[21]张力，吴开亚．城市自由落户的地方公共财政压力分析[J]．中国人口科学，2013，159(6)：17-26，126.

[22]刘海．公共服务研究的学术演进及其当下扩展[J]．改革，2011(11)：151-159.

[23]康红蕾．以公共服务均等化统筹城乡发展——福利经济学中的理论解释与借鉴[J]．福建论坛(社科教育版)，2008，6(S1)：19-20.

[24]罗尔斯．正义论[M]．何怀宏，等，译．北京：中国社会科学出版社，1988：96-97.

[25]大卫·哈维．希望的空间[M]．胡大平，译．南京：南京大学出版社，2006：35.

[26]任平．空间的正义——当代中国可持续城市化的基本走向[J]．城市发展研究，2006(5)：1-4.

[27]吴红涛．从问题到方法：空间正义的理论文脉及研究反思[J]．华中科技大学学报(社会科学版)，2018，32(6)：63-69，80.

[28]曹现强，顾伟先．公共服务空间研究的维度审视：反思、框架及策略[J]．理论探讨，2017，198(5)：5-12.

[29]王瑞雪，沈亚平．市民化进程中农业转移人口城市空间正义缺失问题分析——基于空间正义的理论视角[J]．当代经济管理，2021，43(4)：39-44.

[30]包亚明．现代性与空间的生产[M]．上海：上海教育出版社，2003：62.

[31]罗敏，祝小宁．城乡公共服务的社会空间均衡研究[J]．社会科学研究，2010(4)：63-67.

[32]韩志明．公共服务均等化的空间政治学分析[J]．探索，2009，145(2)：65-70.

[33]张贤明，田玉麒．设施布局均等化：基本公共服务体系建设的空间路径[J]．行政论坛，2016，23(6)：35-41.

[34]徐琴，黄永亮．基本公共服务供给水平感知度与社会质量评价[J]．江海学刊，2020，329(5)：115-121，254-255.

[35]李勇，徐延辉，兰林火．社会质量测量维度与城市社区创新——基于深圳市的实证分析[J]．中国社会科学，2014(3)：142-164，207.

[36]Beck，W. L.，van der Maesen，A.，& Walker，A.（Eds.）. The Social Quality of Europe[M]. The Hague：Kluwer Law International，1997：267-268.

[37]徐延辉，龚紫钰．社会质量：欧洲议题与中国走向[J]．南京社会科学，2018(7)：79-86.

[38]张海东．中国社会质量研究的反思与研究进路[J]．社会科学辑刊，2016(3)：124-128.

[39] Walker A. The Social Quality Approach：Bridging Asia and Europe [J]. Development and Society，2009，38(2)：209-235.

[40] Maesen，L. van der，& Walker，A. Indicators of social quality：Outcomes of the European scientific network. European Journal of Social Quality，2005，5(4)：8-24.

[41] Wang L R. Asian Social Quality Indicators：What Is Unique? [J]. Development and Society，2009，38(2)：297-337.

[42]王磊，袁家菊，关洁．中国社会质量指标体系构建研究[J]．上海行政学院学报，2015，16(2)：77-87.

[43]阿马蒂亚·森．以自由看待发展[M]．任赜，于真，译．北京：中国人民大学出版社，2002.

[44]赵群．自由发展视域下的基本公共服务均等化研究[J]．当代经济，2017，434(2)：78-79.

[45]陈昌盛．基本公共服务均等化：中国行动路线图[J]．财会研究，2008(2)：15-16.

[46]曾红颖．我国基本公共服务均等化标准体系及转移支付效果评价[J]．经济研究，2012，47(6)：20-32，45.

[47]吴良镛．北京宪章[J]．时代建筑，1999(3)：88-91.

[48]吴良镛．关于人居环境科学[J]．城市发展研究，1996(1)：1-5，62.

[49]吴良镛．人居环境科学导论[M]．北京：中国建筑工业出版社，2001：50-52.

[50]吴良镛．理论的探索与实践的创新——在“人居环境科学理论与实践研讨会”上的讲话[J]．城市规划，2012，36(1)：22-23.

[51]吴良镛．人居环境的理论还需要发展[J]．领导决策信息，2004(3)：13.

[52]吴良镛．人居环境科学与新发展观——系统的分析、统筹的战略、人居环境科学探索[J]．国土资源，2004(11)：3-7.

[53]豆建民，刘欣．中国区域基本公共服务水平的收敛性及其影响因素分析[J]．财经研究，2011，37(10)：37-47.

[54]刘华军，张权，杨骞，等．中国基本公共服务的空间非均衡及其与地区经济差距的关系[J]．经济与管理评论，2014，30(2)：53-59.

[55]郭雨晖，汤志伟，赵迪．基本公共服务均等化的评估与研判：区域补偿和质量提升下的动态演进[J]．公共管理评论，2020，2(4)：133-155.

[56]李智裕，李影．中国基本公共服务均等化的空间差异——以十九个城市群为样本[J]．地方财政研究，2020(8)：81-90，96.

[57]肖建华，李雅丽．地方基本公共服务均等化的时空分异与空间效应研究[J]．财政科学，2019(11)：126-138.

[58]李敏纳，覃成林，李润田．中国社会性公共服务区域差异分析[J]．经济地理，2009，29(6)：887-893.

[59]周俊．我国基本公共服务非均等化的原因探析[J]．学会，2009(10)：3-6，11.

[60]王宇昕，余兴厚，熊兴．首位城市规模过大是否抑制了基本公共服务的均等化水平——基于全国省级面板数据的实证研究[J]．宁夏社会科学，2019(4)：92-100.

[61]李斌，李拓，朱业．公共服务均等化、民生财政支出与城市化——基于中国286个城市面板数据的动态空间计量检验[J]．中国软科学，2015(6)：79-90.

[62]杨晓军，陈浩．中国城乡基本公共服务均等化的区域差异及收敛性[J]．数量经济技术经济研究，2020，37(12)：127-145.

[63]朱云飞，赵宁．城乡基本公共服务均等化的省域布局及财政对策

[J]. 税收经济研究，2020，25(1)：88-95.

[64]侯江红，刘文婧．公共服务满意度及其影响因素研究——基于CGSS2005与CGSS2015的数据分析[J]. 福建行政学院学报，2019(1)：72-81.

[65]侯江红，刘文婧．城乡居民对基本公共服务满意度的对比分析——基于2013年中国综合社会调查数据[J]. 华北电力大学学报(社会科学版)，2017(5)：81-92.

[66]王谦．城乡公共服务非均等：原因分析与政策取向[J]. 经济理论与政策研究，2008(1)：66-83.

[67]李丹，裴育．城乡公共服务差距对城乡收入差距的影响研究[J]. 财经研究，2019，45(449)：111-123，139.

[68]李平，陈萍．城市化、财政支出与城乡公共服务差距[J]. 财经问题研究，2014(9)：64-71.

[69]缪小林，王婷，高跃光．转移支付对城乡公共服务差距的影响——不同经济赶超省份的分组比较[J]. 经济研究，2017，52(2)：52-66.

[70]钟裕民．城乡基本公共服务融合发展的机制障碍与消解路径[J]. 中国延安干部学院学报，2020，13(4)：76-82.

[71]曹望华．公共服务效率的三重价值内涵[J]. 经济与社会发展，2011，9(11)：79-81.

[72]薛青河，冯云廷，周笑非．城市化对政府公共服务效率以及消费的影响分析[J]. 数学的实践与认识，2015，45(6)：13-23.

[73]邓宗兵，吴朝影，封永刚，等．中国区域公共服务供给效率评价与差异性分析[J]. 经济地理，2014，34(5)：28-33.

[74]闫威，胡亮．我国社会保障公共服务效率评价研究——基于数据包络分析方法[J]. 华东经济管理，2009，23(8)：47-51.

[75]蒋雨彤．中国公共服务供给效率的区域差异研究[J]. 经贸实践，2016(17)：115，117.

[76]胡洪曙，武锶芪．中国基本公共服务供给效率的评价与供给方式优化——基于省级面板数据的DEA分析[J]. 财经论丛，2020(1)：33-42.

[77]郑林昌，刘晓．京津冀地区公共服务投入产出效率评价[J]. 商业经济研究，2016(21)：213-215.

[78]王郁，赵一航．区域协同发展政策能否提高公共服务供给效率？——以京津冀地区为例的研究[J]. 中国人口·资源与环境，2020，30(8)：100-109.

[79]郑英宁，唐娟莉，朱玉春．我国农村公共服务效率评价：基于DEA方法[J]. 技术经济，2008，27(12)：98-103.

[80]朱玉春，唐娟莉，刘春梅．基于DEA方法的中国农村公共服务效率评价[J]. 软科学，2010，24(3)：37-43.

[81]罗芳，马卫民，孙彩虹，等．农村公共服务效率评估及其影响因素分析——以湖北省为例[J]. 三峡大学学报(人文社会科学版)，2015，37(2)：71-76.

[82]谢迪，吴春梅．村庄治理对公共服务效率的影响：解析鄂省1098份问卷[J]. 改革，2013(11)：97-105.

[83]谢迪，吴春梅．农民理性对农村公共服务效率影响的实证分析[J]. 经济管理，2015，37(3)：160-169.

[84]王爱民．农村公共服务效率及其影响因素的实证研究——以苏北地区为例[J]. 安徽农业大学学报(社会科学版)，2011，20(4)：9-12，117.

[85]陈东平，韩俊英．基于政府行为选择的农村公共服务效率改进框架[J]. 南京审计学院学报，2009，6(1)：7-11.

[86]刘金凤，魏后凯．城市公共服务对流动人口永久迁移意愿的影响[J]. 经济管理，2019，41(11)：20-37.

[87]夏怡然，陆铭．城市间的“孟母三迁”——公共服务影响劳动力流向的经验研究[J]. 管理世界，2015(10)：78-90.

[88]孔凯歌，宣烨．公共服务水平、城乡收入差距与城市化[J]. 郑州

航空工业管理学院学报，2018，36(4)：39-51.

[89]王金营，李庄园．快速成长城市流动人口对财政支出规模影响研究——以宁波市为例[J]. 财政研究，2015(12)：82-89.

[90]裴育，贾邵猛．人口流动背景下的地方政府基本公共服务支出——基于长三角地区的实证分析[J]. 经济研究参考，2020(14)：49-60.

[91]冯剑锋，黄博函，吴文浩．发达地区公共服务支出实现了供需匹配吗？——以广东省及其21个地级市为例[J]. 中国公共政策评论，2020，16(1)：178-191.

[92]江依妮．外来人口聚集地区公共服务支出研究——以广东省为例[J]. 人口与经济，2013(5)：56-62.

[93]刘欢芳，刘玉亭．“大城镇”公共服务设施配置问题及其对策——以广州新塘镇为例[J]. 城市发展研究，2014，21(8)：76-83.

[94]覃成林，刘佩婷．行政等级、公共服务与城市人口偏态分布[J]. 经济与管理研究，2016，37(11)：102-110.

[95]尹鹏，李诚固，陈才，等．新型城镇化情境下人口城镇化与基本公共服务关系研究——以吉林省为例[J]. 经济地理，2015，35(1)：61-67.

[96]胡畔．任重道远：从基本公共服务供给看新型城镇化[J]. 城市发展研究，2012，19(7)：29-35.

[97]余兴厚，胡翠．新型城镇化与公共服务协调发展的时空特征及影响因素分析——基于长江经济带空间面板数据的实证[J]. 重庆理工大学学报(社会科学版)，2019，33(7)：31-45.

[98]赵丽．省域间城镇化与公共服务协调发展的实证分析[J]. 韶关学院学报，2015，36(1)：86-90.

[99]袁丹，欧向军，唐兆琪．东部沿海人口城镇化与公共服务协调发展的空间特征及影响因素[J]. 经济地理，2017，37(3)：32-39.

[100]马慧强，廉倩文，韩增林，等．基本公共服务—城镇化—区域经济耦合协调发展时空演化[J]. 经济地理，2020，40(5)：19-28.

[101]尹鹏，曹艳英，王富喜．中国基本公共服务对城镇化质量的影响研究[J]．青岛科技大学学报(社会科学版)，2021，37(1)：20-26.

[102]李燕，袁崇法，白南风，等．我国城镇化与公共服务均等化实证研究[J]．城市观察，2013(6)：135-144.

[103]杨兵兵，佟宝全．中国西部地区人口城镇化与基本公共服务的协调度时空特征研究[J]．内蒙古农业大学学报(自然科学版)，2018，39(5)：52-57.

[104]杨海，吴相利，杨奇峰．东北地区人口城镇化与基本公共服务协调发展研究[J]．国土与自然资源研究，2019(1)：21-28.

[105]胡翠，余兴厚．长江经济带新型城镇化与公共服务协调发展水平测度及时空格局演变[J]．长江师范学院学报，2020，36(1)：48-58，122.

[106]曾繁荣，李玲蔚，贺正楚，等．基本公共服务水平与新型城镇化动态关系研究[J]．中国软科学，2019(12)：150-160.

[107]苏也夫．福建省人口城镇化与基本公共服务协调发展评价[J]．西安石油大学学报(社会科学版)，2016，25(4)：24-31.

[108]罗辉，万敏．湖北省人口城镇化与基本公共服务水平协调度研究[J]．湖北农业科学，2021，60(19)：184-189.

[109]付占辉，梅林，刘艳军，等．河南省南阳市县域城镇化与基本公共服务时空格局及耦合关系[J]．地域研究与开发，2018，37(3)：75-79.

[110]尹鹏，王富喜，段佩利．中国基本公共服务效率与城镇化质量的时空耦合关系研究[J]．地理科学，2021，41(4)：571-579.

[111]詹国彬．公共服务与城镇化质量的关联测度[J]．政治学研究，2016(4)：113-124，128.

[112]初雪，陈兴鹏，贾卓，等．甘肃省基本公共服务与人口城镇化的资源配置效率和协调发展研究[J]．干旱区地理，2017，40(5)：1118-1126.

[113]姜晓萍，肖育才．基本公共服务供给对城乡收入差距的影响机理与测度[J]．中国行政管理，2017，386(8)：84-89.

[114]刘渝琳，陈玲．教育投入与社会保障对城乡收入差距的联合影响[J]．人口学刊，2012(192)：10-20.

[115]肖育才，余喆杨．社会保障支出对城乡收入差距的影响研究[J]．华东经济管理，2017，31(243)：32-41.

[116]肖育才，钟大能．基本公共服务供给对城乡收入差距影响：基于不同收入来源的视角[J]．西南民族大学学报(人文社科版)，2020，41(3)：105-114.

[117]张子贤，孙伯驰．公共服务供给效率对城乡收入差距的影响及其提升路径[J]．求索，2022，329(1)：152-164.

[118]高春亮，王业强，魏后凯．公共服务供给与地区收入差距——基于人力资本视角的分析[J]．中国人口科学，2022(211)：44-59，127.

[119]刘伟，王娇．地方公共支出结构对城乡收入差距影响的传导机制与实证研究[J]．财经理论研究，2015(167)：56-64.

[120]朱琳．信息基础设施对城乡收入差距的影响机理及检验[J]．南开经济研究，2023，245(11)：210-229.

[121]吴丰华，韩文龙．改革开放四十年的城乡关系：历史脉络、阶段特征和未来展望[J]．学术月刊，2018，50(4)：58-68.

[122]张克俊，杜婵．从城乡统筹、城乡一体化到城乡融合发展：继承与升华[J]．农村经济，2019，445(11)：19-26.

[123]盛广耀．中国城乡基础设施与公共服务的差异和提升[J]．区域经济评论，2020，46(4)：52-59.

[124]宋丽婷．财政支出城市偏向对中国城乡公共服务均等化影响的模型研究[J]．农村经济与科技，2018，29(10)：237-238.

[125]高洪波．城乡融合视域中的城乡基本公共服务供给与创新——基于新技术变革逻辑[J]．人民论坛·学术前沿，2021(2)：74-83.

[126]崔慧姝．城乡公共服务均等化的理论框架与行动策略[J]．福州

党校学报，2010(6)：15-18.

[127]迟福林．我国统筹城乡发展的基本公共服务均等化因素[J]. 东南学术，2009，214(6)：4-9.

[128]宋乃庆，贾璞．中国基础教育发展100年：走向公平与质量的教育——以党的教育方针为逻辑主线[J]. 西南大学学报(社会科学版)，2021，47(3)：127-139.

[129]尚虎平．保障与孵化公民基本生存与发展权利——我国基本公共服务均等化的历程、逻辑与未来[J]. 政治学研究，2021(4)：64-74.

[130]郁建兴．中国的公共服务体系：发展历程、社会政策与体制机制[J]. 学术月刊，2011，43(3)：5-17.

[131]廖其发．新中国70年义务教育的发展历程与成就——兼及普及教育[J]. 西南大学学报(社会科学版)，2019，45(5)：5-13.

[132]金燕，彭泽平．新中国基础教育管理体制改革：历程、经验与启示[J]. 教育学术月刊，2016(2)：61-66.

[133]蒋纯焦．新中国70年教育的发展历程[J]. 河北师范大学学报(教育科学版)，2019，21(6)：17-24.

[134]赵垣可，刘善槐．新中国70年农村教师政策的演变与审思——基于1949—2019年农村教师政策文本的分析[J]. 西南大学学报(社会科学版)，2019，45(5)：14-23.

[135]陈林，卢德生．新中国成立70年农村中小学教师队伍建设的回顾与展望[J]. 当代教育科学，2019(10)：9-13.

[136]席梅红．新中国成立70年乡村教师发展回顾与启示[J]. 广东第二师范学院学报，2021，41(2)：23-33.

[137]龙红霞．新中国成立70年基础教育教师队伍建设的成效及展望[J]. 中国教育学刊，2019(10)：68-72.

[138]王家源．夯实千秋基业 聚力学有所教——新中国70年基础教育改革发展历程[N]. 中国教育报，2019-09-26(1).

[139]李廷洲，王秋华，吴晶．走中国特色社会主义教师队伍建设之

路——新中国成立70周年教师队伍建设回眸[J]. 人民教育，2019(17)：12-16.

[140]焦以璇. 70年 贵师重傅 兴教兴国[N]. 中国教育报，2019-09-22(4).

[141]柳海民，王澍. 中国义务教育实施30年：成就、价值与展望[J]. 北京大学教育评论，2016，14(4)：175-184.

[142]李健. 全面推进义务教育优质均衡发展[J]. 人民教育，2023(12)：22-26.

[143]谭备战. 新中国成立初期卫生方针的确立：以第一届全国卫生会议为例[A]//中国特色社会主义：道路与制度——第十四届国史学术年会论文集[C]，2014.

[144]贾吉庆，李洪河. 新中国成立初期的医院整顿[J]. 当代中国史研究，2022，29(5)：119-134.

[145]白惠天，周黎安. 地方分权与教育医疗的大规模普及：基于中国计划经济时期的实证研究[J]. 经济学报，2020，7(1)：1-37.

[146]宋森. 关于我国卫生事业性质问题研讨的综述[J]. 中国卫生经济，1991(6)：33-36.

[147]王家合，赵喆，和经纬. 中国医疗卫生政策变迁的过程、逻辑与走向——基于1949—2019年政策文本的分析[J]. 经济社会体制比较，2020(5)：110-120.

[148]雷咸胜. 全民医保的实现路径反思——基于70年医保发展历程的视角[J]. 兰州学刊，2019(9)：126-135.

[149]伍凤兰. 制度变迁视角下的农村合作医疗[J]. 求是学刊，2015，42(1)：49-57.

[150]宋斌文，熊宇虹，张强. 我国农民医疗保障的现状与对策选择[J]. 调研世界，2003(11)：28-30.

[151]国务院发展研究中心课题组. 对中国的医疗卫生体制改革的评价和建议[R]. 2005.

[152]邓大松，李芸慧．新中国70年社会保障事业发展基本历程与取向[J]．改革，2019(9)：5-18.

[153]周肖．新中国构建农村社会保障体系的初步探索(1949—1957)[J]．毛泽东邓小平理论研究，2022(2)：57-66.

[154]张婷，王三秀．新中国70年农村养老保险制度改革历程与基本经验[J]．改革，2019(8)：15-26.

[155]杨园争．病有所医，老有所养——中国农村医疗和养老保障制度七十年改革回溯与展望[J]．社会发展研究，2019，6(1)：185-203.

[156]古钺．从失业救济到失业保险——新中国社会保险史话之一[J]．中国社会保障，2019(1)：12-13.

[157]莫荣，刘永魁，陈云．新中国成立70年就业发展历程与未来展望[J]．中国劳动，2019(11)：5-19.

[158]陈刚．工伤保险70年：改革创新发展[J]．劳动保护，2019(10)：28-31.

[159]孙树菡，朱丽敏．新中国工伤保险制度六十年的发展变迁[J]．河北学刊，2009，29(6)：1-6.

[160]宋晓梧．中国社会保障制度70年演变及展望[J]．中国劳动，2019(10)：5-15.

[161]邓大松，刘昌平．改革开放30年中国社会保障体制改革回顾评估与展望[M]．北京：中国社会科学出版社，2009.

[162]郑功成．中国社会保障70年发展(1949—2019)：回顾与展望[J]．中国人民大学学报，2019，33(5)：1-16.

[163]鲁士海．回首工伤保险制度60年[J]．中国医疗保险，2009(9)：58-60.

[164]黄玉君，吕博，邓大松．我国最低生活保障制度统筹发展的问题及对策研究[J]．社会保障研究，2015(6)：45-51.

[165]符华平，顾海．我国农村最低生活保障制度的现状、问题及对策[J]．南京社会科学，2009(1)：101-104.

[166]郑玄波. 筑牢"职业安全网"：我国工伤保险制度改革70年[J]. 中国人事科学，2019(9)：81-88.

[167]汪文婷. 我国工伤保险发展历程及其可持续发展的思考[J]. 管理观察，2017(3)：168-170.

[168]董一丹，何丽华. 我国工伤保险制度的发展与现状[J]. 伤害医学(电子版)，2020，9(4)：46-53.

[169]张浩淼. 中国社会救助70年(1949—2019)：政策范式变迁与新趋势[J]. 社会保障评论，2019，3(3)：65-77.

[170]余璐，单大圣. 中国共产党领导社会保障发展的百年探索与基本经验[J]. 中国发展观察，2023(1)：116-122.

[171]赵光辉. 中国交通运输70年回顾：经济与民生均衡发展[J]. 供应链管理[J]，2020，1(8)：122-128.

[172]邹东涛. 中国经济发展和体制改革报告：改革开放30年(1978—2008)[M]. 北京：社科文献出版社，2008.

[173]石自忠，刘洁，常倩，等. 城乡一体化：农村基础设施发展演变与战略选择[J]. 湖南农业大学学报(社会科学版)，2023，24(3)：25-34.

[174]徐金海. 从历史走向未来：城镇化进程中的乡村教育发展[J]. 教育研究，2021，42(10)：24-34.

[175]吕文慧，段鹏，周洁如，等. 我国城乡居民健康投资现状的差异及对策研究[J]. 现代管理科学，2021(8)：35-45.

[176]何文炯. 基于共同富裕的社会保障结构优化[J]. 中国社会保障，2021(11)：28-29.

[177]马万超，李辉. 从新型农村合作医疗到城乡居民基本医疗保险：城乡医保统筹的政策效应分析[J]. 中国经济问题，2021(4)：146-157.

[178]王超群. 中国基本医疗保险的实际参保率及其分布特征：基于多源数据的分析[J]. 社会保障评论，2020，4(1)：67-84.

[179]张霞，何南. 综合评价方法分类及适用性研究[J]. 统计与决策，

2022，38(6)：31-36.

[180]郭燕，李家家，杜志雄．城乡居民收入差距的演变趋势：国际经验及其对中国的启示[J]．世界农业，2022，518(6)：5-17.

[181]余菊．科技进步、教育投入与城乡收入差距——来自中国省际面板数据的经验证据[J]．工业技术经济，2014，33(243)：130-136.

[182]于井远．公共服务质量与城乡收入差距：机制分析及中国经验[J]．云南财经大学学报，2021，37(4)：75-88.

[183]韩增林，李彬，张坤领．中国城乡基本公共服务均等化及其空间格局分析[J]．地理研究，2015，34(11)：2035-2048.

[184]孙莹．新发展阶段推进公共服务高质量发展的路径探究[J]．党政干部学刊，2021(1)：66-73.

[185]刘德吉．公共服务均等化的理念、制度因素及实现路径：文献综述[J]．上海经济研究，2008(4)：12-20.